BESTACTIVITYBOOKS.COM

PRIMEIRA EDIÇÃO - 2022

Ilustración gráfica adicional: www.freepik.com
Graças a Alekksall, Starline, Pch.vector, Rawpixel.com, Vectorpocket, Dgim-studio, Upklyak, Macrovector, Stockgiu, Pikisuperstar & Freepik.com Designers

5 DICAS PARA COMEÇAR

1) CÓMO RESOLVER LAS SOPA DE LETRAS

Os puzzles têm um formato clássico:

- As palavras estão escondidas sem espaços ou hífenes,...
- Orientação: As palavras podem ser escritas para a frente, para trás, para cima, para baixo ou na diagonal (podem ser invertidas).
- As palavras podem sobrepor-se ou intersectar-se.

2) APRENDIZAGEM ACTIVA

Ao lado de cada palavra há um espaço para anotar a tradução. Para encorajar a aprendizagem activa, um **DICIONÁRIO** no final desta edição permitir-lhe-á verificar e expandir os seus conhecimentos. Procure e anote as traduções, encontre-as no puzzle e adicione-as ao seu vocabulário!

3) MARCAR AS PALAVRAS

Pode inventar o seu próprio sistema de marcação - talvez já use um? Pode também, por exemplo, marcar palavras difíceis de encontrar com uma cruz, palavras favoritas com uma estrela, palavras novas com um triângulo, palavras raras com um diamante, e assim por diante.

4) ESTRUTURANDO A APRENDIZAGEM

Esta edição oferece um **CADERNO DE NOTAS** prático no final do livro. Nas férias, em viagem ou em casa, pode facilmente organizar os seus novos conhecimentos sem a necessidade de um segundo caderno!

5) JÁ TERMINOU TODAS AS GRELHAS?

Nas últimas páginas deste livro, na secção **DESAFIO FINAL**, encontrará um jogo gratuito!

Rápido e fácil! Consulte a nossa colecção de livros de actividades para o seu próximo momento de diversão e **aprendizagem**, a apenas um clique de distância!

Encontre o seu próximo desafio em:

BestActivityBooks.com/MeuProximoLivro

Aos vossos lugares, preparem-se...Vão!

Sabia que existem cerca de 7.000 línguas diferentes no mundo? As palavras são preciosas.

Adoramos línguas e temos trabalhado arduamente para criar livros da mais alta qualidade para si. Os nossos ingredientes?

Uma selecção de tópicos adequados à aprendizagem, três boas porções de entretenimento, e depois acrescentamos uma colherada de palavras difíceis e uma pitada de palavras raras. Servimo-los com amor e máximo divertimento, para que possa resolver os melhores jogos de palavras e se divirta a aprender!

A sua opinião é essencial. Pode participar activamente no sucesso deste livro, deixando-nos um comentário. Gostaríamos de saber o que mais lhe agradou nesta edição.

Aqui está um link rápido para a sua página de encomendas:

BestBooksActivity.com/Avaliacoes50

Obrigado pela vossa ajuda e divirtam-se!

A Equipa Inteira

1 - Dirigindo

ح	خ	ر	ي	ط	ة	ا	ئ	ص	و	ش	إ	ف	ر
ر	غ	ط	ر	ن	ح	ل	ل	م	ك	ا	ث	س	ك
ك	ج	خ	ك	ف	م	ر	ق	م	ف	ر	ئ	ظ	خ
ة	ز	ل	و	ق	و	د	ن	ا	ش	ع	ش	ش	ث
ا	ر	ذ	ح	ل	ا	إ	ل	م	ز	ا	ش	ت	ج
ل	م	ا	ر	ف	ى	ح	ا	ى	ق	ا	ة	ج	ش
م	آ	ق	ي	ر	ط	ق	ظ	ئ	ؤ	ث	ص	ط	ر
ر	غ	ن	ئ	س	ا	ف	ز	ا	د	ج	خ	ئ	ط
و	د	ر	ا	ج	ة	ن	ا	ر	ي	ة	ر	ئ	ة
ر	ن	ا	ة	ل	ى	س	ق	ن	ف	ؤ	ح	ؤ	ئ
ي	أ	م	ح	ر	ك	ف	غ	ا	ز	ح	ؤ	ل	ع
ذ	م	ن	ص	د	د	آ	ر	ش	ط	ث	ا	آ	خ
ع	ن	ص	آ	م	ح	إ	ؤ	ئ	ئ	ص	س	د	ج
س	ن	ذ	ض	ز	ك	ؤ	ك	ر	ا	ج	د	ذ	ث

حادث
سيارة
وقود
الحذر
طريق
فرامل
كراج
غاز
رخصة
خريطة

دراجة نارية
محرك
المشاة
خطر
شرطة
شارع
أمن
النقل
حركة المرور
نفق

2 - Antiguidades

إ	ن	ب	ا	د	ح	و	ن	ا	ن	ف	ب	ئ	ك
ث	م	ن	ؤ	س	س	ش	م	آ	ل	ن	ض	ى	خ
أ	ن	ي	ق	ي	ت	د	ط	س	ب	ق	س	ع	ج
إ	ض	ذ	ع	ن	إ	ث	ن	ص	ق	ذ	ي	ن	ق
ة	ر	ة	ل	آ	ق	ظ	م	غ	س	ق	د	م	ذ
ة	ع	ق	و	د	ط	ذ	ض	ا	إ	د	ا	ص	ة
د	م	ز	ا	د	ع	ل	ن	ي	ر	ي	ع	ا	ك
ا	ؤ	ط	ث	ئ	ق	ص	ظ	ل	ك	م	ر	ع	د
ع	ل	ا	س	ن	غ	ئ	ط	ص	ق	ج	ي	ش	ي
ت	ع	ن	م	ز	ح	ث	ز	أ	ا	ة	غ	ظ	ك
س	ن	ر	ح	ؤ	ة	خ	ظ	ة	ب	ث	س	ة	و
ا	ف	ق	ت	ت	أ	ث	ا	ث	إ	ف	ى	خ	ر
ئ	ؤ	ق	م	ح	ض	ن	ئ	و	غ	ش	ث	ر	خ
ع	م	ل	ا	ت	م	ع	د	ن	ي	ة	د	و	ج

فن
أصلي
ديكور
عقود
أنيق
متحمس
النحت
نمط
معرض
غير عادي

استثمار
مزاد علني
أثاث
عملات معدنية
ثمن
جودة
استعادة
قرن
القيمة
قديم

3 - Churrascos

أ	ص	ص	خ	ض	ر	و	ا	ت	م	ذ	ز	د	ا
ج	س	ح	ل	م	خ	ث	ن	ا	و	ت	ن	ع	ع
و	ث	ر	ض	ص	ض	خ	ى	ط	ر	آ	ض	و	ح
ع	ث	ض	ة	إ	ة	ن	ق	ل	غ	ف	ى	ة	ا
ر	م	ي	ه	ن	ب	ة	ي	س	ف	ظ	آ	م	ض
ط	ة	ا	ك	و	ئ	ت	س	ل	ن	ل	ل	ض	س
ف	ث	ج	ا	ج	د	ش	و	ا	ف	آ	ف	ي	م
ب	ل	ذ	ف	ع	ذ	ط	م	ا	ط	م	ص	ي	ئ
ة	غ	د	ا	ء	ا	ش	ع	ص	آ	ن	ي	ى	م
ح	ا	ر	ى	س	ك	ا	ك	ي	ن	ظ	ف	إ	س
ث	ز	ز	ي	ت	ذ	ش	و	ا	ي	ة	ى	ح	ق
د	ذ	ع	ي	ظ	ش	ر	ا	ل	أ	ط	ف	ا	ل
ر	ف	و	د	ف	ل	ق	ح	ن	ف	خ	ن	ح	و
ك	ق	أ	ل	ع	ا	ب	ظ	ك	د	ج	آ	ش	د

ألعاب
خضروات
صلصة
موسيقى
فلفل
حار
ملح
السلطات
طماطم
صيف

غداء
دعوة
الأطفال
سكاكين
أسرة
جوع
دجاج
فاكهة
شواية
عشاء

4 - Geologia

آ	ذ	ك	آ	د	ط	ح	ق	ح	ة	ل	ح	د	ا
ث	آ	ح	ل	ث	ر	غ	م	ث	د	ي	ج	ت	إ
ط	ع	ن	ح	ة	ق	ط	ن	م	ل	ح	ر	م	ن
ح	ت	ا	ل	م	ر	ج	ا	ن	س	ى	س	ف	ة
م	آ	ك	ط	آ	ب	ظ	ح	ت	ص	و	ك	ط	ح
ض	ك	ر	ض	ع	ة	غ	و	ط	ي	ى	ت	ع	ظ
ح	ل	ب	د	ة	ة	ض	ظ	ئ	ت	ق	ا	ث	ل
ز	ل	ز	ا	ل	آ	د	ه	ض	ب	ة	ل	د	ب
ق	ا	ر	ة	ئ	ى	ذ	و	ر	م	ق	ح	ص	ل
ا	ل	ك	ل	س	ي	و	م	ر	د	ب	م	ز	و
ك	ا	ل	ص	و	ا	ع	د	م	ا	ط	م	ع	ر
ف	ه	ا	ل	م	ع	ا	د	ن	ر	ت	ف	ر	ا
د	ظ	ف	ج	ط	ؤ	س	ث	إ	ج	ئ	س	آ	ت
ف	س	م	غ	ك	ت	ف	ك	ب	خ	إ	و	ح	ذ

حفرية
الحمم
المعادن
حجر
هضبة
مرو
ملح
زلزال
بركان
منطقة

حمض
طبقة
كهف
الكلسيوم
دورات
قارة
المرجان
بلورات
تآكل
الصواعد

5 - Ética

خ	ا	ص	ؤ	ئ	ذ	ق	ذ	ف	ة	ص	ك	ن	ذ
ط	ج	ل	إ	ي	ث	ا	ر	ل	ي	ر	ر	ئ	ث
ف	ؤ	ئ	ع	د	ص	ب	ا	س	د	ب	ا	ا	م
د	و	ض	ة	ق	ص	ب	ر	ف	ر	ة	م	ل	ع
إ	ئ	م	ي	ق	ل	ا	ي	ة	ف	ه	ة	ل	ق
ب	ن	ض	ع	ح	م	ا	س	ت	ل	ا	ج	ط	و
ت	م	س	ق	ا	إ	خ	ن	ش	ا	ز	د	ف	ل
ع	ح	ع	ا	ح	ك	م	ة	ي	ص	ن	ب	ج	ح
ا	ت	ط	و	ن	خ	ظ	ص	ي	ة	ل	ل	و	ح
و	ر	ف	ل	ب	ي	ت	س	ظ	ج	ا	و	ة	ق
ن	م	ى	ا	ص	ض	ة	ف	ذ	ل	ا	م	ض	ل
ا	ل	ص	د	ق	ا	إ	غ	ا	ع	ض	ا	ت	ا
ش	ؤ	ي	غ	ق	ب	د	ب	ع	ؤ	ى	س	ق	ص
م	ظ	خ	آ	ش	ع	خ	ظ	ز	م	ل	ي	ت	ض

النزاهة
تفاؤل
صبر
العقلانية
معقول
الواقعية
محترم
حكمة
التسامح
القيم

إيثار
اللطف
عطف
تعاون
كرامة
دبلوماسي
فلسفة
الصدق
إنسانية
الفردية

6 - Tempo

ظ	ى	س	ن	ة	ظ	ح	ل	م	و	ي	و	ن	س
غ	إ	ى	ر	و	خ	ئ	ب	د	م	ل	ق	ت	خ
ق	ب	ل	ق	ا	س	ن	ق	ي	ق	ث	ت	ر	ض
ص	ي	إ	ر	ض	ث	و	ت	ق	آ	ع	ا	ظ	ا
ى	ع	ص	ب	ا	ح	ؤ	س	ذ	ؤ	و	ل	إ	ل
خ	ت	ب	ت	ق	ع	آ	م	خ	غ	ب	ظ	ا	م
ت	ق	و	ي	م	ا	ل	ل	ي	ل	س	ه	ر	ا
ئ	م	ى	م	د	ع	ش	ا	غ	د	أ	ي	ض	ض
آ	ب	ؤ	ا	ل	م	م	ل	ث	م	ذ	ر	ل	ي
ر	س	ز	ع	أ	م	س	ي	ث	ش	م	ة	ه	ز
ص	ض	ا	ز	ذ	ج	د	و	ا	ق	ص	ق	ئ	ش
ق	ق	س	ع	ط	ف	إ	م	ى	ب	ل	ي	ك	ؤ
ي	ح	ط	إ	ة	إ	ش	ح	ى	ق	ر	ق	ق	ح
ؤ	ز	ة	ة	خ	ا	ل	آ	ن	ظ	ح	د	ى	إ

صباح
وقت الظهيرة
شهر
دقيقة
لحظة
الليل
أمس
الماضي
أسبوع
قرن

الآن
سنة
قبل
سنوي
تقويم
العقد
يوم
مستقبل
اليوم
ساعة

7 - Astronomia

ذ	ن	ئ	ص	ل	ؤ	ا	ص	ر	ؤ	ة	س	ح	ظ
ذ	ي	ج	ب	ك	ي	و	ك	ل	ا	ي	ى	ذ	ؤ
ة	ز	ب	ك	و	ك	ا	ا	ع	ص	ب	ث	ئ	ع
ر	ك	م	ي	د	س	ا	ض	ا	د	ذ	ع	ك	ط
ض	ق	ب	ك	ص	ق	م	ر	ا	ع	ا	ع	ش	إ
ث	ح	ة	ع	ر	ذ	و	أ	غ	ك	ج	ط	ت	س
ة	غ	إ	ا	م	خ	ب	ط	ل	س	غ	ؤ	ش	ص
ض	ي	س	م	ش	ك	ث	غ	ا	و	ظ	ف	ؤ	ص
ي	ح	آ	ئ	و	ر	ا	ئ	د	ف	ض	ا	ء	ة
ج	آ	ف	ك	ى	ض	غ	ع	ت	د	ظ	ر	ي	ف
س	و	ب	ر	ن	و	ف	ا	ع	م	ع	ا	ل	م
آ	ة	ض	خ	و	ف	د	ح	ا	ض	ئ	ك	ا	ي
س	ق	ض	إ	ك	ظ	ض	ق	ل	ز	ي	م	ش	آ
غ	ا	ء	ا	م	س	ر	ن	ا	ة	ؤ	ق	ث	م

قمر	الكويكب
نيزك	رائد فضاء
سديم	فلكي
مرصد	سماء
كوكب	كوكبة
إشعاع	عالم
شمسي	كسوف
سوبرنوفا	الاعتدال
أرض	صاروخ
كون	جاذبية

8 - Circo

ح	ش	أ	ر	خ	ث	ث	ا	ئ	خ	ج	خ	ا	و
ل	ع	س	ج	ي	ق	م	ل	ئ	إ	ش	ر	ح	س
و	ا	د	ق	م	ظ	ئ	م	ت	ظ	ن	ؤ	ي	م
ي	ش	ك	س	ة	ب	ئ	ح	ت	ش	ا	غ	ذ	ن
ا	س	ت	آ	ل	آ	ب	ت	ظ	ش	و	ه	س	ؤ
ت	ا	ذ	ك	ي	ع	ص	ا	د	ت	ل	ص	ة	ن
ا	ح	ك	ظ	ح	ت	ؤ	ل	إ	ف	ه	ة	ي	س
ن	ر	ر	ص	و	ا	غ	ؤ	ش	ت	ب	ة	ذ	ي
ا	إ	ة	ق	ج	ن	ى	ق	ي	س	و	م	ر	ع
و	ف	د	ط	م	و	ك	ب	ط	إ	ث	ة	و	و
ي	آ	ك	ر	و	ل	س	ت	ج	ر	ه	م	ب	ة
ح	ل	خ	ظ	ز	ا	ص	ف	ف	ل	ظ	م	ة	ي
ل	خ	ئ	ي	ا	ب	ع	ل	ي	ف	ل	ا	ى	آ
ا	ن	ع	ث	ة	ق	ر	د	ه	ا	ش	م	ل	ا

بهلوان
الحيوانات
بالونات
تذكرة
موكب
حلويات
الفيل
المشاهد
مذهل
أسد

قرد
سحر
المحتال
ساحر
موسيقى
مهرج
خيمة
نمر
زي
حيلة

9 - Acampamento

ئ	ف	ب	ق	ص	ل	ض	آ	ؤ	ة	ط	ع	ز	ك
ة	ط	ي	ر	خ	م	ح	ن	ظ	ذ	ب	ق	ق	ؤ
ر	ل	ب	ح	ة	ع	ئ	آ	ؤ	ة	ي	ث	ر	ب
ي	س	ق	د	ح	ل	ص	ى	ح	ؤ	ع	ئ	و	إ
ح	ذ	ر	ر	و	ة	ر	خ	ي	م	ة	ص	ز	ئ
ب	غ	ى	ت	ج	ن	ق	ى	ا	م	ل	ل	ل	ع
ظ	ة	ة	ب	ر	د	ظ	د	غ	ة	و	ؤ	ا	ط
ا	ر	ل	س	أ	ط	ن	ا	ز	ت	ا	د	ع	م
ل	و	ق	ك	ن	إ	م	ق	ف	ى	ت	ي	ص	ا
أ	ص	ت	ق	م	ر	ذ	ظ	د	ش	ش	ص	ث	آ
ش	ق	ب	ع	ة	ن	و	و	ض	غ	ؤ	ل	ة	ظ
ج	م	ت	ا	ن	ا	و	ي	ح	ل	ا	ا	ش	س
ا	ل	إ	ظ	س	ف	ف	ر	ر	س	ت	ر	ا	ن
ر	ا	ح	ش	ر	ة	ب	ا	غ	آ	م	ة	ت	ى

غابة
نار
حشرة
بحيرة
قمر
أرجوحة
خريطة
جبل
طبيعة
خيمة

الحيوانات
مغامرة
الأشجار
بوصلة
المقصورة
الصيد
الزورق
قبعة
حبل
معدات

10 - Emoções

س	ز	ر	ح	ز	ن	ل	م	ف	خ	و	ف	ت	ا
ع	ل	ك	غ	ؤ	ظ	ث	ى	غ	ع	ح	ص	ة	ل
ى	ل	ا	ب	ن	ث	ف	ظ	ح	و	ة	ي	ة	ن
ا	م	ش	م	ذ	ة	ؤ	غ	ئ	م	غ	ف	ث	ع
ث	ل	ي	م	س	ز	ئ	ر	ن	ح	غ	م	و	ي
ض	غ	ل	ئ	خ	ر	ت	م	آ	ر	س	ز	ط	م
ر	آ	ب	ط	م	ح	ت	و	ى	ج	غ	آ	إ	إ
خ	ا	ت	م	ف	ن	ر	ف	س	ة	ت	ج	ض	و
ؤ	ة	و	ج	ؤ	آ	ص	ا	د	ر	س	ب	ج	ز
ص	خ	د	ض	ظ	ب	ؤ	ص	ض	ط	س	خ	ك	ة
و	ص	غ	ئ	ن	س	ط	ث	س	م	ح	ت	م	د
د	ج	م	ؤ	ج	س	د	ك	غ	ر	ن	د	غ	ق
ا	ل	ه	د	و	ء	و	د	ه	ح	ا	ى	ض	ب
ت	ن	ذ	م	ت	ا	ي	غ	ت	س	ن	ي	ب	ح

مرح
حب
متحمس
النعيم
اللطف
هدوء
محتوى
محرج
شاكر

خوف
سلام
غضب
راض
ميل
حنان
ملل
الهدوء
حزن

11 - Ficção Científica

ا	ي	ب	و	ت	و	ي	د	س	ى	ض	م	غ	ا
د	س	م	ت	ط	ر	ف	م	ز	ا	ة	ت	ا	ل
ح	ش	ت	د	إ	ح	ل	ص	خ	إ	ة	س	م	ك
ط	ك	م	ن	ا	ل	ع	ا	ل	م	ي	ة	ض	ت
ي	و	ه	س	س	ث	ع	ر	ك	ض	ن	غ	خ	ب
غ	ك	و	غ	ت	ا	ب	س	إ	و	ق	ف	ل	ا
و	ب	ذ	ر	ي	ق	خ	ئ	ث	ت	ت	ط	ر	ل
ك	ا	ف	ا	م	ل	ب	ا	س	ي	ن	م	ا	ر
ث	ى	ق	ن	ه	ر	ت	ل	د	ح	خ	س	ج	و
ى	ذ	ق	ع	و	ا	س	ح	ي	و	ل	ت	ف	ب
ف	ث	آ	ح	ي	ئ	ب	ظ	ع	ة	إ	د	ن	و
ذ	ك	ك	ز	ا	ع	ى	غ	ب	ل	ذ	ق	ا	ت
ب	ظ	س	س	ك	ع	ج	س	غ	ج	ظ	خ	ن	ا
ع	ح	ت	ن	ظ	ظ	ؤ	س	و	ح	ض	ف	ف	ت

ذري
سينما
استنساخ
بعيد
انفجار
متطرف
رائع
نار
مستقبلية
وهم

وهمي
الكتب
غامض
العالمية
وحي
كوكب
واقعي
الروبوتات
تقنية
يوتوبيا

12 - Mitologia

ش ص ج ت ا د ق ت ع م ل ا ا ب
غ ة ث ر ا ك و ص ب ظ آ ل ط ر
ب و ز ك ئ ط ل ف د ظ غ ل ث ا
ب ق ج ة م س خ ج ف ي ة ف إ ح
م ة ه ا ت م م م ر ر ر ئ ع م
ص ؤ خ ق ق ر ب ة ج ح و ا إ ا
ث ح ئ آ ع ن د ش د س ط ف ر ق
ق ب ك و ل س ح ؤ ع إ س ل آ ت
ا ذ ي ر ت ق د ج ا ك أ ب ف ن
ف ف ث ظ ت ى خ ل ف ط ش خ ذ ا
ة و ت ي م م ف ص ب م خ آ و ت
و ح ز ع ت د ع ر خ ل ق ت ج ط
ق ة ن ث ل ب ي ذ و ؤ ا ظ ش ؤ
ث م ذ ل ط ب ص د ق ف ص غ ي ث

بطل
خلود
متاهة
أسطورة
سحري
مسخ
مميت
برق
رعد
انتقام

الغيرة
سلوك
المعتقدات
خلق
مخلوق
ثقافة
كارثة
قوة
محارب
بطلة

13 - Medições

أ	ض	و	ر	ك	ف	ة	ل	ت	ك	ى	آ	ر	ى
د	و	ص	ح	ق	ب	ج	ت	ا	ل	ص	و	ت	س
ق	خ	ق	ش	ض	و	ر	ر	ب	ج	ص	ث	خ	إ
ي	ئ	ز	ي	ح	ص	د	ت	ا	ا	ل	ط	و	ل
ق	ا	ي	ن	ة	ة	ذ	م	ي	غ	ر	ا	م	ي
ة	ئ	و	ب	و	ى	د	ة	ت	آ	إ	د	ي	ض
س	ج	ز	ت	ئ	ا	ق	ف	ر	ض	غ	ح	ق	ك
غ	ن	ن	ك	ي	ل	و	م	ت	ر	ت	ئ	إ	ي
ة	ط	ت	ر	ن	ص	ا	آ	ع	ع	ي	ي	ز	ل
ث	غ	ق	ي	ط	ن	ش	ك	ش	ا	ا	آ	ز	و
ز	ى	ص	ذ	م	ن	ي	آ	ر	ف	ؤ	ث	ل	غ
ق	ؤ	ا	د	إ	ت	ع	ا	ي	ت	ث	ك	ع	ر
ظ	ش	ط	ظ	ك	آ	ر	م	د	ر	م	ئ	ض	ا
ل	خ	ف	ص	ق	ض	ذ	د	ق	ا	ض	ا	ي	م

ارتفاع
بايت
سنتيمتر
الطول
عشري
غرام
درجة
عرض
لتر
كتلة

متر
دقيقة
أوقية
وزن
بوصة
عمق
كيلوغرام
كيلومتر
طن
الصوت

14 - Álgebra

م	ش	ث	و	م	ل	ا	ك	ة	ى	د	ث	ؤ	س
خ	ج	ا	ش	د	ر	ز	ش	و	ن	ئ	ذ	ب	ل
ط	ي	م	ل	ح	ق	ظ	م	ة	ز	و	ا	د	ض
ي	ا	خ	و	ر	م	ب	ة	ف	و	ف	ص	م	ر
د	آ	ة	غ	ع	س	و	ق	ص	ف	ر	آ	ت	م
خ	ط	ط	ر	ق	أ	م	ذ	ث	ت	ذ	ب	غ	ع
م	ش	ك	ل	ة	ل	د	ا	ع	م	د	و	ي	ت
ج	ز	ء	ص	ي	س	ص	ل	ل	ط	د	ف	ر	ب
ى	إ	ع	ا	م	ل	خ	ن	آ	ب	ئ	ل	د	س
ط	ذ	ا	ن	ك	ح	ؤ	ط	ك	ق	ي	م	ط	ي
ر	س	م	ب	ي	ا	ن	ي	أ	ك	ؤ	ا	ض	ط
ص	س	ل	ا	ن	ه	ا	ئ	ي	ل	ض	ل	ن	ب
ك	ا	ل	ط	ر	ح	ت	ظ	ن	و	ك	م	و	ي
ز	ز	ط	ت	ة	ا	ل	ج	ر	غ	ع	م	غ	ط

رقم
قوس
مشكلة
كمية
تبسيط
حل
مجموع
الطرح
متغير
صفر

رسم بياني
معادلة
أس
خطأ
عامل
جزء
الرسم البياني
لانهائي
خطي
مصفوفة

15 - Plantas

ش	ا	ض	ت	آ	ل	ث	غ	ع	ب	ف	أ	ل	ف
ذ	ش	ج	ر	ة	ؤ	ظ	ا	ى	ا	غ	و	ر	ا
خ	ح	ع	ت	غ	ق	ي	ب	ئ	م	آ	ر	ج	ص
ص	ر	س	م	ا	د	ر	ة	د	ب	ئ	ا	ن	و
ط	ت	ش	ز	ل	آ	ث	و	ز	و	ظ	ق	ئ	ل
ض	آ	ق	ض	م	ل	ب	ع	ش	ب	آ	ا	ج	ي
ى	ر	ة	ط	ى	ل	ب	ل	ح	ط	ض	ل	ا	ا
ل	إ	ص	س	آ	ة	ق	ي	د	ح	ر	ش	ل	ث
ف	ي	ب	و	ذ	ة	و	ة	ر	ه	ز	ج	ن	ئ
ك	ظ	د	ا	ؤ	ف	ج	ذ	ذ	ي	ض	ر	ب	ج
ر	ث	ق	ئ	ل	ت	ئ	ة	ج	س	ش	ا	ا	ا
آ	د	ة	إ	ؤ	ب	و	ش	ر	ؤ	س	ب	ت	ط
ت	غ	ت	ا	ب	ن	ل	ا	م	ل	ع	ص	ي	ب
ك	ى	ا	ل	ب	ت	ل	ة	ف	ى	ص	س	ة	خ

بوش
شجرة
بيري
بامبو
علم النبات
صبار
عشب
فاصوليا
سماد
زهرة

النباتية
غابة
ورقة
أوراق الشجر
لبلاب
حديقة
طحلب
البتلة
جذر
نبت

16 - Veículos

غ	خ	ؤ	ؤ	م	ش	ج	ا	غ	م	ى	ن	ح	ي
م	و	ئ	ى	ط	ؤ	ذ	ف	س	ي	ا	ر	ة	ت
ح	ر	ا	ه	ل	ي	ك	و	ب	ت	ر	س	ج	ض
ر	ا	و	ص	ت	ب	ا	ز	ر	ة	ن	ح	ا	ش
ك	ص	خ	و	ة	ا	ف	ض	ا	ا	ل	ف	ر	ن
ط	ا	ئ	ر	ة	ظ	ك	ى	ق	ل	ا	ف	د	ك
س	ك	و	ت	ر	ث	ب	س	ض	م	ل	و	ا	ط
ا	آ	آ	م	ا	آ	غ	ؤ	ي	ك	إ	ط	غ	ح
إ	ق	ي	ش	ب	ذ	ف	د	و	و	ط	ع	م	ج
ت	م	ت	ذ	ع	ك	ؤ	ث	إ	ك	ا	ى	ط	ر
و	إ	ق	ة	ل	ف	ا	ق	م	غ	ر	ا	ر	ج
ج	ح	خ	ع	ا	ي	ض	إ	خ	ض	ا	ى	م	ط
س	ي	ا	ر	ة	إ	س	ع	ا	ف	ت	ن	ك	م
ق	ف	ط	ص	و	آ	ف	ق	خ	ت	ئ	ث	ع	ع

سيارة إسعاف
طائرة
العبارة
قارب
دراجة
شاحنة
قافلة
سيارة
صاروخ
هليكوبتر

طوف
سكوتر
مترو
محرك
حافلة
الإطارات
غواصة
تاكسي
المكوك
جرار

17 - Engenharia

ر	ل	ذ	ج	ث	ب	م	ه	ح	م	ح	و	ر	خ
ن	س	آ	ت	ض	ى	ح	ي	ك	س	د	ن	ظ	ض
ق	ي	م	ى	د	ص	ر	ك	د	ض	ا	ى	ف	ض
ق	ج	ز	ب	ة	ر	ك	ل	ي	ب	ع	ب	ص	إ
ا	ي	ف	خ	ي	ع	ر	ع	ز	ت	ب	ق	ط	ر
س	ج	ا	آ	و	ا	ظ	م	ل	ف	أ	ك	آ	م
ت	ؤ	آ	س	ا	ج	ن	ق	س	ك	ل	ن	ص	ت
ق	ش	ئ	ع	ز	ؤ	ب	ي	ل	س	ا	ض	ط	ت
ر	ا	ل	د	ف	ع	ح	ا	ح	ت	ك	ا	ك	و
ا	ذ	ق	س	م	ع	ؤ	ى	ة	س	ا	ئ	ل	ز
ر	ذ	ت	د	ط	ا	ق	ة	ل	آ	ل	غ	آ	ي
ب	ن	ا	ء	س	و	ي	و	ل	ت	م	ج	ر	ع
خ	ف	ض	ك	ة	ئ	ؤ	ق	ؤ	م	ط	ذ	آ	ئ
ك	ج	ب	ق	ظ	ك	ظ	ز	ف	غ	ئ	ش	ب	ل

طاقة
استقرار
هيكل
قوة
سائل
آلة
قياس
محرك
عمق
الدفع

احتكاك
زاوية
حساب
بناء
رسم بياني
قطر
ديزل
الأبعاد
توزيع
محور

18 - Restaurante # 2

ا	ل	م	ع	ك	ر	و	ن	ة	ط	ع	ؤ	ض	غ
و	ب	و	ر	ش	م	ض	ث	ؤ	ذ	و	ص	ذ	د
ح	ا	ج	ك	ذ	ى	و	ة	ر	ك	ا	ح	ع	ا
ف	و	ر	ئ	ط	ت	غ	ع	ى	ر	ث	س	ش	ء
ا	ت	س	ن	آ	ز	ذ	ر	ل	س	ا	ا	ا	و
ط	ج	ف	ق	ل	ت	ي	ق	ض	ي	ب	ء	ء	غ
س	م	ك	ي	ي	ا	ذ	م	ب	ث	ث	ط	ا	ؤ
ج	ا	ث	خ	ك	و	ل	ا	ذ	ك	ي	ف	م	ؤ
إ	ل	ف	ع	ي	ر	آ	ن	ذ	م	ل	ح	ق	ص
ت	ص	ي	ا	ك	ض	ظ	ى	ا	س	و	ذ	ض	ا
ل	ق	إ	د	ك	خ	د	ل	ر	د	ى	ز	ر	م
ض	ص	ي	ز	ل	ه	ت	إ	ص	س	ل	د	ئ	د
إ	ؤ	ذ	ا	خ	آ	ة	ك	و	ش	ث	ب	ت	ل
آ	ا	ئ	م	ل	ع	ق	ة	ط	ل	س	ح	ة	ئ

شوكة
جليد
عشاء
خضروات
المعكرونة
بيض
سمك
ملح
سلطة
حساء

غداء
ماء
مشروب
كيك
كرسي
ملعقة
لذيذ
توابل
فاكهة
النادل

19 - Países #2

ة	خ	ج	إ	ن	ة	ل	ب	ث	خ	ز	ئ	ق	خ
آ	ر	آ	ا	آ	خ	ا	ا	ي	ن	ا	ب	ل	أ
ل	ب	ن	ا	ن	ل	و	ك	ي	س	ك	م	ل	ا
ا	خ	ا	ي	ز	ا	س	س	غ	ط	ن	أ	ز	إ
ث	إ	ن	ن	ر	م	ب	ت	ح	ل	ي	ي	ن	ن
ئ	ذ	و	ا	ج	و	ص	ا	ض	ل	ب	ر	ي	د
ن	ر	ي	ر	ى	ص	س	ن	ي	ز	ا	ل	ج	و
ص	ك	ل	ك	ب	ل	ص	ي	ف	ل	ل	ن	ي	ن
إ	م	ا	و	س	ا	خ	ت	ا	ر	ا	د	ر	ي
ا	ج	ف	أ	س	و	ر	ي	ا	ن	ن	ا	ي	س
ج	ا	م	ا	ي	ك	ا	ا	ن	ث	آ	س	ا	ي
أ	و	غ	ن	د	ا	ع	ه	ط	إ	ش	د	ا	ا
ا	ل	د	ن	م	ا	ر	ك	ط	ط	ز	س	ق	د
ش	ى	ف	و	ر	ع	ا	ج	ج	ك	ب	ؤ	ئ	ظ

ألبانيا
الدنمارك
فرنسا
اليونان
هايتي
إندونيسيا
أيرلندا
جامايكا
اليابان
لاوس

لبنان
المكسيك
نيبال
نيجيريا
باكستان
روسيا
سوريا
الصومال
أوكرانيا
أوغندا

20 - Cozinha

ا	ح	خ	ي	آ	إ	ل	ا	ل	م	ل	ا	ع	ق
و	ل	ر	ح	ة	س	ت	أ	م	ى	آ	ئ	م	و
ع	ي	ش	ن	ر	ف	ن	ك	ب	ج	ز	س	غ	ص
ا	د	ق	و	ج	ن	ا	و	س	م	م	ق	ر	ف
ء	ن	و	ق	ك	ج	و	ا	خ	ث	ؤ	د	ف	ة
س	م	إ	ا	إ	د	ل	ب	ا	ت	ق	ئ	ة	ي
ك	ا	ب	ر	ف	ن	ا	د	ي	ع	ث	ل	ي	ا
ا	ع	ر	إ	ظ	ئ	ل	ض	ن	ت	ك	ة	ا	و
ك	ذ	ي	ص	ث	ؤ	ط	ئ	آ	د	ا	ى	ل	ش
ي	ع	ق	ص	ل	ع	ع	ت	و	ا	ب	ل	غ	ي
ن	م	ز	م	ا	ج	ا	ظ	م	آ	م	ظ	ح	ل
ق	ي	ث	ع	ج	ل	م	غ	ذ	ق	ش	ل	ي	ف
س	غ	ل	ي	ة	م	ئ	ز	ر	آ	غ	ط	ث	ث
ف	ط	ح	غ	غ	ن	ى	ذ	ي	ف	ج	ص	ت	ر

مجمد
الشوك
ثلاجة
شواية
منديل
جرة
إبريق
عيدان
وصفة
وعاء

مئزر
غلاية
الملاعق
لتناول الطعام
مغرفة
أكواب
توابل
إسفنج
سكاكين
فرن

21 - Material de Arte

ص	ئ	ع	ا	د	ب	إ	ى	ح	ة	ف	أ	أ	ص
ط	ل	ط	ر	ل	م	ا	ح	ل	ا	غ	ل	ق	م
ع	ص	ا	ي	ش	ب	ن	ي	ط	ح	ك	و	ل	غ
خ	غ	و	م	ي	ء	ا	م	ظ	م	ف	ا	ا	ك
ف	ص	ل	ا	ح	ط	و	س	ذ	م	ر	ن	م	ن
ع	ط	ة	ك	ق	ب	ل	غ	ت	ش	ش	م	ا	و
آ	ز	ق	ا	ق	و	أ	س	ى	ي	س	ا	ل	ك
ت	ا	ن	ا	ه	د	ل	ا	ا	س	ل	ئ	ر	ث
ل	ط	د	ة	م	ن	ا	ت	ق	ر	و	ي	ص	خ
ف	ح	م	ص	غ	خ	ف	ض	ا	ك	ب	ة	ا	ذ
أ	ك	ر	ي	ل	ي	ك	ط	غ	ئ	ص	ح	ص	م
ض	س	ة	و	إ	س	ذ	ت	ط	ز	ك	ر	ك	ؤ
إ	ف	ز	د	إ	ا	س	ي	د	ك	ب	آ	ؤ	ق
ح	ل	ئ	ظ	ا	ذ	ة	ش	ص	ي	ق	ب	ج	د

الألوان
إبداع
فرش
أقلام الرصاص
طاولة
نفط
ورق
الباستيل
حبر
الدهانات

أكريليك
ممحاة
ألوان مائية
طين
ماء
كرسي
فحم
الحامل
كاميرا
صمغ

22 - Números

أ	ث	ل	ا	ث	ة	ع	ش	ر	ت	ئ	ر	ض	ث
ر	س	ا	ث	ن	ا	ن	س	ت	ة	ع	ش	ر	ل
ب	ب	ف	ئ	ل	د	ك	ر	ى	ن	ث	ذ	غ	ا
ع	ع	ئ	ؤ	ي	أ	ر	ب	ع	ة	ع	ب	س	ث
ة	ة	ت	ط	د	ط	ت	خ	ي	ي	ر	ش	ع	ة
ع	ع	س	ة	ئ	ق	ص	ؤ	ح	ن	و	ر	ش	ع
ش	ش	ع	ا	ة	م	ت	د	ئ	ا	خ	ش	ج	خ
ر	ر	ة	و	ب	آ	م	ض	ة	م	م	ع	ب	م
ص	ف	ر	ى	ا	آ	س	ت	ة	ث	س	ا	د	س
ش	ن	ض	ظ	ظ	ح	ث	ع	و	ت	ة	ن	د	ة
ن	ب	خ	م	ع	ح	د	ظ	ش	غ	ي	ث	ف	ع
ث	م	ا	ن	ي	ة	ع	ش	ر	ر	ح	ا	ذ	ش
ج	ل	إ	ش	م	م	ض	ة	د	ع	ة	خ	ز	ر
ت	غ	ق	ع	ظ	ص	م	ى	ا	و	ص	خ	ك	ر

خمسة
عشري
عشرة
ستة عشر
سبعة عشر
ثمانية عشر
اثنان
اثنا عشر
تسعة
ثمانية

أربعة عشر
أربعة
خمسة عشر
ستة
سبعة
ثلاثة عشر
ثلاثة
واحد
عشرون
صفر

23 - Física

ق	خ	ت	ح	م	ى	م	ط	ا	م	ج	س	ي	م
ت	و	س	ع	ع	ب	ى	غ	ل	ر	ن	ض	ح	ى
ا	ع	ر	غ	ا	ز	و	ق	س	ك	ت	ر	د	د
ل	خ	ي	ى	د	و	ع	ؤ	ر	ب	ك	ك	ى	و
م	ب	ع	ا	ل	م	ي	ق	ع	خ	ت	ب	ض	ن
غ	آ	ت	ى	ة	ص	و	غ	ة	ل	ق	ظ	و	ف
ن	ك	ا	ل	ن	س	ب	ي	ة	ة	ز	و	ف	ف
ا	ث	ش	ر	ر	س	ي	و	ن	ق	ي	ط	ق	إ
ط	ا	س	ز	ذ	ة	ر	ذ	ة	ي	ب	ذ	ا	ج
ي	ف	ي	ب	ك	ظ	ئ	ع	ا	ك	ك	ى	ج	ن
س	ة	د	ن	م	ر	ا	ك	ي	ن	ا	ك	ي	م
ي	ت	ض	ن	ف	ر	ص	ن	و	ر	ت	ك	ل	إ
ة	ق	ت	ص	ة	ث	ظ	ي	ظ	آ	إ	خ	ب	ك
س	آ	ف	ث	ؤ	ب	ك	ي	ا	ي	ذ	ق	ت	ز

المغناطيسية
كتلة
ميكانيكا
مركب
محرك
نووي
جسيم
النسبية
عالمي
السرعة

تسريع
ذرة
فوضى
كثافة
إلكترون
توسع
معادلة
تردد
غاز
جاذبية

24 - Especiarias

ذ	ؤ	ا	ح	ل	م	ث	ح	ز	ؤ	آ	س	ظ	ح
ن	ص	ل	ل	ي	خ	خ	ب	ف	ع	ق	ك	ح	ا
ي	ش	ش	و	خ	ق	ي	ا	ا	ك	ف	ي	آ	م
س	ئ	م	و	ث	ج	ز	ل	ن	م	د	ر	م	ض
ك	ث	ر	ف	ل	ف	ل	ه	ي	و	ق	ا	ا	ع
ا	ز	ة	ل	ب	ج	س	ا	ل	ن	ح	ك	ع	ن
ل	ظ	ب	ذ	ص	ن	و	ل	ا	ش	س	ص	ع	ث
ي	ت	ز	ر	ل	ك	س	ز	ح	غ	ع	ئ	و	ط
ا	ص	إ	ق	ة	ه	ل	ز	ة	ى	د	ج	ن	غ
ن	ز	ا	ط	ف	ة	ا	ن	ك	ا	س	غ	س	د
س	ت	ض	ة	ر	ف	ق	ج	و	س	ل	ض	ذ	س
و	ح	ز	إ	ق	ة	ر	ب	ؤ	ي	ى	ط	ة	ح
ن	ر	د	خ	ل	ض	ع	ي	ض	ظ	ا	ذ	ي	ق
ل	ن	ل	د	ذ	ظ	ع	ل	غ	ت	ر	د	آ	ب

زعفران
عرق السوس
ثوم
مر
اليانسون
حامض
فانيلا
قرفة
حب الهال
كاري

بصل
كزبرة
كمون
حلو
الشمرة
زنجبيل
جوزة الطيب
فلفل
نكهة
ملح

25 - Países #1

أ	ل	م	ا	ن	ي	ا	إ	إ	ث	ج	ش	ض	ا
ض	ن	م	ل	ذ	ة	ض	س	س	ذ	ذ	ز	د	ظ
ؤ	ن	ذ	ن	ب	م	ص	ر	ب	ع	ظ	ا	ن	ظ
ب	ض	ذ	ر	ر	ع	ط	ا	ا	خ	ج	ز	ه	ا
ع	ا	ت	و	غ	ع	ق	ئ	ن	ج	ر	إ	ل	د
ر	و	ب	ي	م	ا	ل	ي	ي	ن	ة	ب	ا	ن
ر	غ	ا	ج	ل	ن	ت	ل	ا	ق	ر	ض	ة	ل
ي	ا	ز	ق	ا	ل	إ	ك	و	ا	د	و	ر	و
ى	ر	ا	د	ن	ل	ن	ف	ز	ر	ؤ	ة	ا	ب
ل	ا	غ	ن	س	ل	ا	ي	غ	ع	ا	د	ن	ك
ق	ك	ل	ش	ا	خ	ل	آ	غ	ل	ح	ة	ح	س
م	ي	ص	ك	م	ب	و	د	ي	ا	و	ا	د	ا
غ	ن	إ	إ	س	د	ض	ا	ي	ل	ا	ط	ي	إ
ذ	ع	ف	غ	ا	ل	ي	و	ز	ن	ف	ذ	ة	ز

ألمانيا
البرازيل
كمبوديا
كندا
مصر
الإكوادور
إسبانيا
فنلندا
العراق
إسرائيل

إيطاليا
الهند
مالي
المغرب
نيكاراغوا
النرويج
بنما
بولندا
السنغال
فنزويلا

26 - A Mídia

ا	إ	ي	خ	غ	ذ	ز	ئ	خ	ش	ي	ا	ط	خ
ظ	ل	م	ف	و	ف	ق	ا	و	م	ل	ا	إ	ض
ؤ	إ	إ	ح	ج	ص	ؤ	ل	ش	ا	ح	ث	ص	ة
ح	ر	و	ص	ل	ا	د	ا	ك	ع	م	م	ث	ظ
ش	غ	ض	ل	د	ر	ف	ت	ؤ	ج	ق	ئ	ز	ت
ة	غ	م	ا	ئ	ا	ح	ص	ب	ئ	ئ	م	ن	ز
ع	ى	ن	ث	ذ	د	ر	ا	ي	ر	ا	ج	ت	ل
ا	ل	ف	ك	ر	ي	ة	ل	أ	ت	ق	ت	ح	م
ن	و	ي	ز	ف	ل	ت	ا	ر	خ	ح	م	إ	ف
ص	ة	ؤ	ل	ي	و	م	ت	ل	ا	ز	ي	ي	ط
ع	ل	ى	ا	ل	ش	ب	ك	ة	ي	د	ح	ث	م
ت	ع	ل	ي	م	ط	ك	ذ	ش	ي	ش	ي	غ	م
ش	ب	ك	ة	ا	ل	ا	ت	ص	ا	ل	غ	و	ر
ل	ي	ع	م	ى	ط	ب	ر	ئ	و	ح	س	ط	م

صناعة
الفكرية
الصحف
محلي
على الشبكة
رأي
عام
راديو
شبكة الاتصال
تلفزيون

المواقف
تجاري
الاتصالات
رقمي
الإصدار
تعليم
حقائق
التمويل
الصور
فرد

27 - Casa

م	م	ف	ا	ت	ي	ح	ع	د	غ	ر	ث	ذ	ز
ش	د	ق	ة	غ	ح	م	ى	ل	س	ت	ا	ئ	ر
م	ق	خ	آ	خ	ا	ك	ر	خ	ب	خ	ث	ظ	س
ب	ة	د	ن	ح	ئ	ت	ؤ	ؤ	ا	ه	أ	ك	ث
س	خ	ظ	إ	ة	ط	ب	ث	س	ب	م	خ	ج	ي
ظ	ن	ا	ف	ذ	ة	ة	د	ا	ج	س	ط	م	ل
م	ك	ن	س	ة	آ	م	د	ف	أ	ة	ج	ب	س
ع	ح	ق	خ	ص	ر	ر	ى	ظ	ط	ك	غ	غ	خ
ا	س	ة	ي	ط	م	س	ي	ا	ج	ا	ر	ك	ظ
ب	م	ق	ظ	ص	ؤ	ص	ن	ب	و	ر	ف	ا	ر
ظ	ؤ	ص	ي	ف	إ	ع	ذ	ا	ا	ط	ة	آ	ة
ر	خ	ض	ة	ا	ر	م	ذ	ى	ع	س	ا	ى	و
ط	ل	ب	ط	ك	ح	ذ	ك	ب	ك	غ	ث	ب	ت
ح	د	ي	ق	ة	ف	ق	ع	ا	خ	ز	م	ش	ع

حديقة
مدفأة
أثاث
حائط
باب
غرفة
علبه
سجادة
صنبور
مكنسة

مكتبة
سياج
مدخنة
مفاتيح
دش
ستائر
مطبخ
مرآة
كراج
نافذة

28 - Vegetais

ج	ث	ب	ط	ا	م	د	ب	ظ	ح	ح	ح	ع	ص
ز	ع	ا	م	ت	ل	ص	م	ي	ل	ك	و	ر	ب
ر	ع	ز	ا	ش	و	ك	ص	ر	ق	ل	ئ	خ	ة
ف	ز	ل	ط	ط	و	ب	ر	إ	ن	ط	ل	د	خ
ط	ر	ا	م	ص	ت	ا	ل	ا	ن	ل	ي	خ	ر
ر	ف	ء	ظ	خ	ف	ذ	ظ	ئ	ث	ا	ص	ن	ش
ى	ج	ز	ب	ص	ل	ن	س	ب	د	ظ	ة	ا	و
ر	ل	آ	ب	غ	ى	ج	ل	ث	و	م	ث	ب	ف
ك	ر	ف	س	د	ل	ا	ط	و	ة	م	ز	س	د
م	ص	ل	ن	ط	ش	ن	ة	ط	ؤ	ق	ن	ن	إ
و	ض	ئ	غ	ا	ل	ب	ط	ا	ط	س	ج	و	ف
ظ	ئ	إ	ن	ذ	ي	ش	ك	ا	ج	ؤ	ب	د	ر
ة	ض	ج	و	ف	إ	ق	ك	ة	ت	آ	ي	ق	خ
خ	ي	ا	ر	ع	ح	ط	م	د	ل	ج	ل	ب	إ

يقطين
كرفس
خرشوف
ثوم
البطاطس
باذنجان
بروكلي
بصل
جزر
الكراث

فطر
بازلاء
سبانخ
زنجبيل
لفت
خيار
فجل
سلطة
بقدونس
طماطم

29 - Balé

أ	ح	د	ا	ن	ج	غ	ا	ر	ظ	خ	إ	ا	ش
و	ر	ة	ة	ض	م	ئ	ل	ل	ف	ت	ة	ل	د
ر	ت	ن	ل	ا	و	ط	ر	ر	ل	ك	ى	ك	ة
ك	م	ن	ف	ر	د	ا	ا	ي	ا	ظ	ف	و	ئ
س	ؤ	ل	س	ف	ز	ى	ق	ي	س	و	م	ر	إ
ت	م	ع	ب	ر	ة	ع	ص	ؤ	و	ظ	د	ي	ي
ر	غ	غ	ف	ش	ب	ض	ا	ف	ت	ص	ذ	غ	ق
ا	ك	ذ	ص	ز	ذ	ل	ت	د	ت	ت	ذ	ر	ا
ث	س	ظ	ة	ذ	ط	ا	ت	ص	ف	ي	ق	ا	ع
م	ب	ر	و	ف	ة	ت	م	ل	ح	ن	ت	ف	خ
ح	ه	ب	ض	ل	ر	ا	ا	ز	ع	ف	ق	ي	و
ر	ر	ا	ح	ئ	ز	ض	ئ	ف	ح	ك	ن	ا	ف
ع	ك	ش	ر	و	ه	م	ج	ل	ا	ت	ي	ط	ش
ؤ	ر	ع	ش	ة	ظ	ي	ظ	ز	غ	ز	ة	ط	ق

مهارة
شدة
عضلات
موسيقى
أوركسترا
الجمهور
إيقاع
منفردا
تقنية

تصفيق
فني
ملحن
الكوريغرافيا
الراقصات
بروفة
نمط
معبرة
لفتة

30 - Adjetivos #1

م	ي	ر	ك	ت	د	ف	ن	ا	ج	ؤ	ل	خ	آ
خ	ت	ك	ة	ض	م	ق	ح	ي	ل	ذ	م	ه	م
ض	ي	ط	ي	ح	ز	م	ر	و	و	ح	ا	ن	د
ث	ظ	ا	ا	ح	د	ي	ث	م	ا	ت	ك	ب	ت
ا	ر	ر	ث	ب	ك	ط	ك	م	ب	إ	خ	و	ك
غ	ذ	ع	ق	ظ	ق	ر	ق	ي	ق	ن	ش	غ	ف
غ	و	ش	ي	ئ	د	ة	ل	ر	ث	و	غ	ش	ن
ح	ر	ء	ل	د	ا	ح	ط	ط	ش	ص	ر	ؤ	ي
ا	ف	ي	ز	ا	ص	ؤ	م	ع	إ	ة	غ	ط	غ
ث	ش	ط	ب	ك	ك	ب	ي	ر	ة	م	د	د	ا
ن	ؤ	ب	ح	ن	غ	ز	ن	ج	د	ي	ا	خ	م
ر	س	ط	ح	ك	ئ	ض	ا	ي	ض	ق	ك	د	ض
ؤ	ث	د	ق	س	ئ	آ	ح	آ	ث	و	ة	ق	ز
ر	و	ظ	ج	و	ا	ش	ر	ي	ق	ذ	ب	ي	إ

مطلق
عطري
فني
جذاب
ضخم
داكن
غريب
رقيق
كريم
كبير

صادق
متطابقة
مهم
بطيء
غامض
حديث
كامل
ثقيل
جدي
ذو قيمة

31 - Psicologia

ع	ا	ز	ن	ة	ث	ة	ب	ؤ	ج	ز	س	م	ع
ق	ض	ل	م	ك	غ	ظ	ش	ئ	ض	ش	ل	و	ل
ا	ر	ع	إ	ز	ؤ	م	ش	ك	ل	ة	و	ع	ظ
و	س	ل	ط	د	م	ل	ذ	ى	ت	ي	ك	د	ذ
ئ	ذ	ت	ق	ص	ر	ط	س	ج	و	ف	إ	خ	ي
ص	ز	ح	أ	ب	س	ا	س	ح	إ	ت	إ	ى	إ
ا	ش	إ	ؤ	ث	إ	ت	ك	ف	غ	س	آ	ؤ	ض
ا	ل	ل	إ	ت	ي	ع	و	ل	ا	د	ق	ا	ف
ا	ع	ع	ز	ل	ض	ر	ق	إ	ؤ	و	إ	ش	آ
ل	ل	ض	و	ج	ر	ف	ا	ض	ض	ض	ئ	خ	م
أ	ا	و	ا	ا	م	ي	ق	ت	خ	ف	ج	ص	ع
ن	ج	ث	آ	د	ط	ل	أ	ف	ك	ا	ر	ي	ر
ا	ث	ث	م	ج	س	ف	أ	ح	ل	ا	م	ة	ف
م	ر	ح	ل	ة	ا	ل	ط	ف	و	ل	ة	ش	ة

تقيم
مرضي
معرفة
سلوك
موعد
نزاع
الأنا
العواطف
فاقد الوعي
مرحلة الطفولة

تأثيرات
أفكار
الإدراك
شخصية
مشكلة
واقع
إحساس
أحلام
علاج

32 - Paisagens

ة	ج	ع	ج	ك	ر	ح	ب	و	و	غ	ش	ص	ة
د	ع	ع	ت	ع	ه	ز	ذ	ي	ر	س	ل	ب	ج
ي	ي	ط	م	ل	ن	ف	ذ	ى	ق	ق	ا	ش	غ
ل	ب	ر	ك	ا	ن	ق	ظ	ذ	ع	ص	ل	ب	س
ج	ز	ي	ر	ة	ش	ء	ض	ى	ق	غ	ك	ه	ج
ل	ى	د	ى	ج	ك	ا	ر	د	ن	ت	ح	ج	س
ب	خ	ا	ذ	ل	ز	ر	ط	ذ	ت	إ	ش	ز	ق
ج	ن	و	ص	ث	ب	ح	ي	ئ	س	ن	ف	ي	ظ
إ	ج	و	ف	م	خ	ص	ح	ن	م	ز	ئ	ر	ظ
ن	ط	ج	ع	ض	ج	ا	م	ي	ق	آ	ث	ة	ب
ا	ن	ج	و	د	ا	ل	خ	ل	ي	ج	ة	ى	ظ
و	ا	ح	ة	ح	ث	س	ع	ط	ئ	ؤ	ش	ج	ث
ك	ط	ئ	ف	ذ	خ	ا	ح	ي	ج	آ	م	ي	ا
ص	ف	ض	ج	إ	و	ب	ح	ي	ر	ة	غ	ر	ف

شلال
كهف
تل
صحراء
مثلجة
الخليج
جبل جليد
جزيرة
بحيرة
بحر

جبل
واحة
محيط
مستنقع
شبه جزيرة
شاطئ
نهر
تندرا
وادي
بركان

33 - Dança

ة	ل	م	إ	ا	ح	ر	ك	ة	م	ي	ح	ش	ب
ص	ف	د	ع	ت	ل	ة	ت	آ	ي	ق	ط	ت	ص
س	ن	إ	ر	ب	ح	أ	خ	ة	ف	ط	ق	ث	ر
ث	ذ	ة	ف	و	ر	ب	ك	ي	ر	ش	ف	ق	ي
ق	ي	م	ي	غ	م	ة	ا	ا	م	ى	ز	ا	ذ
ا	ف	ق	ي	م	ط	م	ل	ك	د	ق	ل	ف	م
ف	ن	ح	آ	د	ئ	ع	م	ل	ا	ي	إ	ة	ا
ي	ظ	ث	د	ي	ة	ن	و	ا	ف	س	م	ر	ش
ت	ق	ل	ي	د	ي	م	ق	س	م	و	خ	ي	ف
إ	ي	ق	ا	ع	آ	ا	ف	ي	ع	م	ب	ث	ة
م	ط	ؤ	ظ	ض	ج	ئ	ى	ك	ف	ا	ذ	ظ	ث
خ	ش	د	و	ا	ج	ي	ي	ي	إ	ج	ط	ن	ج
ا	ل	ك	و	ر	ي	غ	ر	ا	ف	ي	ا	ف	ع
ر	ض	ج	ي	ى	ش	ؤ	ح	ت	ذ	ت	م	ة	ة

الأكاديمية
مرح
فن
كلاسيكي
الكوريغرافيا
جثة
ثقافة
ثقافي
عاطفة
بروفة

معبرة
نعمة
حركة
موسيقى
شريك
الموقف
إيقاع
قفز
تقليدي
بصري

34 - Nutrição

ص	خ	ذ	ص	ح	ي	م	إ	د	و	ص	ر	م	ه
ت	ا	ر	د	ي	ه	و	ب	ر	ك	ل	ا	ت	ض
ا	ر	ل	ش	ه	ي	ة	ئ	م	ا	ص	ق	و	م
ن	ز	و	ح	ض	م	د	ش	د	ؤ	ة	و	ا	ز
و	غ	ا	ث	ل	ب	و	إ	ؤ	ظ	ح	ش	ز	ب
ك	ة	ي	ض	ط	ل	ج	ت	غ	ظ	ص	ظ	ن	ئ
م	م	ع	و	ش	ص	أ	ن	ا	ي	ل	ظ	ز	ث
ن	ئ	ظ	ز	ؤ	غ	ذ	ك	ئ	ل	ا	ج	ئ	ع
ض	ك	س	و	ا	ئ	ل	ص	ل	ش	م	ق	ش	ذ
خ	ت	ه	ح	م	ي	ة	ض	ى	ز	س	غ	ي	ل
خ	خ	ئ	ة	ب	ط	ب	ة	ة	ث	ر	ن	ذ	ك
ش	م	ا	ل	ب	ر	و	ت	ي	ن	ا	ت	ف	ي
ج	ي	ح	ق	خ	ف	ي	ت	ا	م	ي	ن	ل	ق
ى	ر	ت	ل	ض	ؤ	ك	ز	ن	غ	ض	ح	إ	ى

صلصة
المغذي
وزن
البروتينات
جودة
نكهة
صحي
الصحة
سم
فيتامين

مر
شهية
الكربوهيدرات
صالح للأكل
حمية
هضم
متوازن
تخمير
مكونات
سوائل

35 - Energia

غ	ي	ر	ق	ا	د	ر	ع	ل	ي	ع	ح	د	ق
ش	م	س	م	ح	ر	ك	ك	ئ	ذ	ا	آ	ح	ا
ا	ل	ت	ل	و	ث	ي	ر	ظ	ر	ي	ح	ر	ب
ن	ت	د	ن	ي	ئ	ا	ب	ر	ه	ك	ب	ا	ل
د	ظ	ب	ط	ا	ز	ة	و	ر	آ	ذ	ن	ر	ل
م	آ	ب	ف	ض	ك	ئ	ن	ؤ	ؤ	ه	ز	ة	ل
ا	ل	ت	و	ر	ب	ي	ن	ا	ت	ي	ي	ع	ت
إ	ث	ز	م	ح	ح	ب	إ	ي	ا	د	ن	ا	ج
ف	ل	م	ي	ج	و	ق	و	د	ح	ر	ئ	ن	د
ؤ	و	ك	ل	د	ث	خ	ح	ز	ق	و	ظ	ص	ي
ا	ع	ت	ت	ش	ح	ص	ئ	ذ	ط	ج	س	خ	د
د	ي	ق	و	ر	ق	ط	خ	ظ	ط	ي	و	و	ن
و	ك	غ	س	ن	و	ظ	ح	ظ	ة	ن	ت	ص	ق
ؤ	م	ش	د	و	ئ	ن	م	ؤ	ظ	ظ	ب	ت	ا

بيئة
حرارة
كربون
وقود
ديزل
كهربائي
إلكترون
غير قادر علي
فوتون
بنزين

هيدروجين
صناعة
محرك
نووي
التلوث
قابل للتجديد
شمس
التوربينات
ريح

36 - Disciplinas Científicas

ي	ف	ي	ز	ي	و	ل	و	ج	ي	ا	س	ص	ر
ع	ل	م	ا	ل	أ	ع	ص	ا	ب	ف	ل	ع	م
ن	د	ا	ع	م	ل	ا	م	ل	ع	إ	ح	ل	ى
ج	ل	ل	ل	ش	ظ	ص	ر	م	ض	ت	ي	م	ز
ي	س	ص	م	ع	ل	م	ا	ل	ف	ل	ك	ا	ا
و	ا	ى	ا	ئ	ؤ	ن	ث	ت	م	ئ	ز	ل	ل
ل	ن	ط	ل	ط	ت	ط	آ	غ	غ	ة	ظ	ن	ف
و	ي	إ	ب	ف	ح	ج	ل	ف	ص	ذ	ى	ف	ي
ج	ا	ح	ي	ر	ش	ت	ا	ب	ص	د	ي	س	ز
ي	ت	ك	ئ	ت	ذ	ا	م	ز	خ	ث	خ	ة	ي
ا	ف	غ	ة	ك	ر	ح	ل	ا	م	ل	ع	إ	ا
ك	ي	م	ي	ا	ء	ص	ع	غ	ق	خ	ع	ا	ء
ع	ل	م	ا	ل	ا	ج	ت	م	ا	ع	ت	ؤ	م
ع	ل	م	ا	ل	م	ن	ا	ع	ة	ض	ة	ص	ى

تشريح
علم الآثار
علم الفلك
علم الحركة
علم البيئة
فيزيولوجيا
الفيزياء
جيولوجيا

علم المناعة
لسانيات
علم المعادن
علم الأعصاب
تغذية
علم النفس
كيمياء
علم الاجتماع

37 - Meditação

ظ	ق	ي	ت	س	م	س	ت	ز	ع	ع	ب	ؤ	ة
ط	د	ب	و	ض	و	ح	ا	ق	س	ر	ق	د	ب
ق	ز	ى	و	ر	ت	ظ	إ	ل	ؤ	ؤ	ن	ل	غ
ل	ش	س	د	ل	ع	ش	ل	ظ	م	ع	م	ق	ي
إ	ن	ذ	ف	ط	ا	و	ع	ل	ا	و	ص	ع	م
ا	ط	و	ا	ن	ل	س	ل	ا	م	ط	ق	ض	ذ
ن	ب	ا	ل	خ	ي	د	ع	ى	خ	ف	ز	ف	ت
ت	ي	ل	م	ذ	م	ح	ر	ك	ة	ت	ك	م	ج
ب	ع	ص	ر	ك	ش	ط	ا	ع	ا	ل	ل	ط	ف
ا	ة	م	ا	م	ك	ف	ك	خ	ا	خ	ك	إ	ط
ه	خ	ت	ق	ك	ب	و	ف	ؤ	ئ	ئ	ظ	ث	ع
إ	ن	ض	ب	ي	ذ	ش	أ	ح	خ	ذ	خ	ت	ق
غ	ج	ل	ة	و	م	و	س	ي	ق	ى	ض	ن	ط
ا	ل	م	ن	ظ	و	ر	ئ	إ	ؤ	ة	ة	ع	ق

عقل
حركة
موسيقى
طبيعة
المراقبة
سلام
أفكار
المنظور
الموقف
الصمت

قبول
مستيقظ
انتباه
اللطف
وضوح
عطف
العواطف
تعاليم
شكر
عقلي

38 - Moda

ف	ث	ج	م	إ	ش	ت	خ	خ	ى	ه	ك	ا	ت
ف	ل	ؤ	ب	ك	ن	ط	أ	ز	ر	ا	ر	ل	ف
س	و	أ	ن	ي	ق	ر	أ	ع	ق	ج	ص	د	ل
ب	س	ي	ط	ت	ض	ي	م	ص	د	ت	ى	ا	ؤ
ا	ى	و	ج	و	ث	ز	ل	ك	ل	ا	ق	ن	ى
ل	س	ح	ى	ب	آ	ل	ق	ح	ل	ي	ق	ت	م
م	س	ى	ى	ر	ؤ	ع	ض	ز	ل	ف	ب	ي	ح
م	ت	و	ا	ض	ع	م	ع	د	خ	ل	ة	ل	د
ى	ق	ى	ن	د	أ	ل	ا	د	ح	ل	ا	ق	ي
ى	م	ز	م	ت	ش	ي	ن	م	ط	س	ص	ي	ث
خ	ا	ن	م	ج	ف	ث	د	ب	ش	آ	م	ا	م
ى	ش	ي	س	ؤ	ظ	د	ة	ن	ت	ر	ق	س	م
ئ	آ	ث	ي	ي	م	ر	ي	ح	ر	ن	غ	ا	ا
ف	ل	إ	ؤ	ل	ج	ئ	ف	ا	ى	ق	غ	ت	ف

تطريز
أزرار
بوتيك
مكلفة
مريح
أنيق
نمط
قياسات
الحد الأدنى
حديث

متواضع
أصلي
عملي
الدانتيل
ملابس
بسيط
قماش
اتجاه
نسيج

39 - Instrumentos Musicais

ل	ب	ط	م	آ	ؤ	و	ل	ي	ش	ت	ل	ا	ه
ى	و	م	ا	ر	ي	م	ب	ا	ذ	و	ذ	ل	ا
ص	ق	ظ	ح	ؤ	ض	ق	ك	و	ش	و	ا	ب	ر
ق	ظ	ؤ	ى	ل	م	ؤ	ن	ا	م	ك	ل	ا	م
ث	ذ	د	د	و	ط	إ	و	و	ق	ظ	م	ن	و
ع	د	ن	ئ	ى	د	ص	ب	ع	ق	خ	ز	ج	ن
س	ا	ك	س	ف	و	ن	م	ي	ت	ث	م	و	ي
ج	ن	ك	ض	ى	غ	ش	و	ك	ا	ن	ا	د	ك
ق	ي	ث	ا	ر	ة	ن	ر	ن	ف	ن	ر	ف	ا
ث	ل	م	ى	ظ	ئ	ا	ت	ا	ى	و	و	ص	ت
ن	و	خ	ز	ف	ؤ	ي	ل	ق	ؤ	س	ص	غ	خ
د	د	س	آ	م	خ	ن	ا	و	إ	ا	ق	ي	ص
ح	ن	ق	إ	ش	ا	و	ن	س	ظ	ب	س	ر	ؤ
ة	م	ب	ق	ر	ع	ر	إ	ر	ب	إ	غ	ئ	ش

مندولين
البانجو
مزمار
باسون
ناي
هارمونيكا
ناقوس
جنك
ماريمبا
المزمار

دف صغير
قرع
بيانو
ساكسفون
طبل
الترومبون
بوق
قيثارة
كمان
التشيلو

40 - Adjetivos #2

ظ	ل	ج	ض	ن	ق	و	ي	ا	ر	ح	و	ة	ص
ف	خ	و	ر	ئ	و	ذ	ح	ل	ا	م	ا	ع	ة
ا	ى	ح	ؤ	ا	ش	ح	ص	ج	س	م	ض	ة	ا
ج	ر	غ	ر	س	م	ر	ف	د	ق	خ	و	ي	ة
د	ف	ل	س	آ	م	ث	غ	ي	ع	ي	ب	ط	غ
أ	و	ك	ك	ب	ب	س	ى	د	ى	ل	د	د	ذ
ن	ش	ر	ئ	ف	و	د	ل	ى	آ	ص	ح	م	ف
ي	ف	ص	و	ط	ع	د	إ	ط	ل	أ	و	س	ض
ق	م	و	ه	و	ب	ط	س	ن	ث	ك	ي	م	ط
م	ش	ه	و	ر	ك	ؤ	ا	ض	ت	ن	ق	ي	ل
خ	ل	ا	ق	آ	ج	ع	ا	د	ي	ا	ق	ك	ض
خ	م	ئ	ن	غ	ن	و	ث	ج	ر	ح	ج	ي	ص
ز	ق	ن	ط	ق	غ	ل	ب	ح	ب	ز	ي	ي	ث
ع	ي	ت	و	ز	ط	ع	ن	ز	ب	ز	ق	ز	ر

أصلي
خلاق
وصفي
موهوب
أنيق
مشهور
قوي
سميك
مشوق
طبيعي

عادي
الجديد
فخور
إنتاجي
نقي
مسؤول
مالح
صحي
جاف
بري

41 - Roupas

ة	ت	ع	ا	ط	ر	ئ	ا	آ	غ	ش	ج	ج	ى
ز	ج	ب	ف	ي	ظ	ل	ل	ش	ق	ر	ث	ض	خ
ح	م	ة	ز	و	ل	ب	س	ص	ن	ا	د	ل	ت
ف	ذ	د	آ	ل	ا	ا	ت	ا	ز	ا	ف	ق	ث
غ	ل	ا	ض	ا	ش	ق	ر	ق	ر	س	ت	ر	ة
ي	ظ	ل	ء	س	ر	ى	ة	ب	ى	ص	ك	ي	ر
د	د	ق	ل	خ	ر	ح	ف	ع	ي	ئ	ئ	م	و
إ	ت	ب	و	ج	ا	و	ج	ة	و	و	ت	ع	ن
ق	ج	ي	م	ت	و	د	ا	إ	ث	ك	ى	ث	ت
ض	ئ	ج	و	آ	س	ث	س	ل	م	ئ	ز	ر	ن
ظ	ج	ع	ض	ج	و	ا	ر	ب	ح	د	ب	ت	ض
ت	ف	ذ	ة	ف	س	ت	ا	ن	ع	ز	ن	ي	ج
خ	غ	ح	ل	ل	م	ع	ط	ف	آ	ؤ	ا	ئ	ز
ل	ب	ا	س	ن	و	م	ي	غ	ص	ص	ي	م	ق

مئزر
بلوزة
سروال
قميص
معطف
قبعة
حزام
قلادة
السترة
جينز

قفازات
جوارب
موضة
لباس نوم
سوار
تنورة
صنادل
حذاء
سترة
فستان

42 - Herbalismo

ئ	ع	ف	غ	خ	ن	ل	ن	إ	م	د	ض	إ	ف
آ	ز	ج	م	ذ	ص	ب	ر	م	د	ط	ض	ك	خ
ج	ك	ع	و	خ	ش	ن	غ	خ	ن	ت	ب	ل	و
ج	ط	م	ت	د	ق	ج	ب	ث	و	م	م	ي	ث
د	س	ف	ث	ر	ة	ر	ه	ز	خ	ن	ع	ل	ؤ
ح	ن	ي	ر	ط	ع	ز	ع	ف	ر	ا	ن	ا	ص
و	و	د	إ	ن	ى	م	ي	س	ط	ح	ص	ل	ف
ح	د	ي	ق	ة	ن	ك	ه	ة	ل	ي	م	ج	خ
ت	ق	و	ج	ر	ر	ط	ى	ة	ا	ر	ث	ب	ز
ز	ب	ن	م	ب	ا	م	ل	ر	ص	ن	ع	ل	ا
أ	خ	ض	ر	ز	ف	و	ش	و	ق	د	ر	م	م
م	ت	ر	ج	ك	ن	ت	ر	ل	ن	ز	ا	ؤ	ى
ز	ظ	ز	ن	ن	د	ى	ة	ل	ا	س	ا	ق	ف
ئ	آ	ق	ب	ص	ة	ئ	ش	خ	ى	غ	ظ	ة	ك

زعفران
إكليل الجبل
ثوم
عطري
مفيد
كزبرة
الطرخون
زهرة
الشمرة
العنصر

حديقة
خزامى
ريحان
مردقوش
مصنع
جودة
نكهة
بقدونس
زعتر
أخضر

43 - Arqueologia

س	ل	ي	ل	ت	ا	و	ن	س	ع	ص	ر	ا	ئ
س	ة	ف	س	ب	ا	ح	ث	ش	ط	س	ة	ل	ض
و	ؤ	ل	ت	ذ	ا	ت	س	أ	ث	ز	و	ك	ي
ى	ئ	ق	ق	ا	ج	ر	ف	ز	ئ	ا	ب	ا	م
ز	خ	آ	ي	ف	ز	ق	غ	آ	س	ك	ذ	ئ	ح
س	ل	ي	ي	ى	ف	ك	ة	ظ	ح	ت	ى	ن	خ
م	ق	ز	م	ض	ئ	و	ي	د	ق	ح	د	ا	ش
ا	ط	ح	ع	ق	د	ظ	ر	ب	م	ل	د	ت	إ
ظ	ل	ر	ع	ظ	ت	خ	ف	ع	ف	ي	ت	غ	ي
ع	ر	ح	ظ	ئ	س	ب	ح	م	م	ل	ر	ئ	ض
ج	ب	ش	ض	ض	إ	ي	ا	ك	ض	ر	آ	و	ض
ق	ب	ر	خ	ا	ى	ر	ر	م	ن	س	ي	ز	ظ
ف	ر	ي	ق	ة	ر	ب	ق	ا	ي	ا	ا	غ	ج
ا	ت	ح	د	ض	ظ	ة	ف	ع	و	ر	ك	ل	ج

تحليل
سنوات
تقييم
الحضارة
سليل
غير معروف
فريق
عصر
خبير
منسي

حفرية
فتات
باحث
لغز
الكائنات
عظام
أستاذ
بقايا
معبد
قبر

44 - Frutas

ئ	ن	م	ظ	ظ	ب	ن	ع	ج	ت	ظ	د	م	ى
ج	و	ا	ك	ظ	ل	ي	م	و	ح	ح	ز	و	غ
ن	ت	ؤ	ذ	ح	ا	ف	ت	ز	ج	ص	ط	ز	ك
ذ	ط	ض	ظ	ز	ك	ظ	س	ا	ن	ا	ن	أ	ر
آ	ش	خ	ط	ك	ب	ؤ	ى	ل	ط	ط	م	ك	ز
ش	ب	م	غ	ع	ي	ط	ف	ه	م	ل	ش	ي	د
ع	س	ظ	ا	ع	ر	ب	ع	ن	ي	ت	م	و	خ
ة	ي	ص	ي	م	ي	د	ر	د	و	ش	ش	ي	و
أ	ف	و	ك	ا	د	و	ط	ت	ر	م	ت	ث	خ
ر	ي	ع	ئ	ا	ج	ع	ر	خ	ق	ب	ي	ى	م
ك	ت	ب	م	ة	خ	ظ	ص	ة	ل	ا	ر	ل	ا
ر	ق	ي	ل	ع	ل	ا	ت	و	ت	ح	ل	ق	ن
ع	ى	ر	ث	م	ك	إ	ط	ة	ك	ا	ن	ي	ج
غ	ا	ي	ا	ب	ا	ب	د	ث	خ	إ	ج	د	و

أفوكادو
أناناس
بلاك بيري
بيري
موز
كرز
جوز الهند
مشمش
تين
توت العليق

كيوي
برتقالي
ليمون
تفاح
بابايا
مانجو
شمام
كمثرى
خوخ
عنب

45 - Corpo Humano

ذ	ج	غ	ط	ش	ش	س	و	ش	ن	ت	ق	ع	ل
ن	ق	م	ج	ع	ب	ق	و	ش	ط	ق	ع	ي	ج
ة	ذ	ن	ر	ئ	ي	س	ف	ن	أ	ث	ك	ن	ب
و	ى	م	م	و	ص	ظ	ك	ث	د	ل	ج	ا	ز
ئ	ف	ا	س	ؤ	ا	ض	ف	ث	م	خ	آ	ج	ئ
و	ش	إ	ق	ف	ط	ق	م	ص	ا	د	ز	و	ت
ع	ص	ر	ت	خ	ا	ر	ؤ	ؤ	غ	ئ	ك	ت	ظ
ج	ب	ه	ة	ب	ك	ر	ئ	ن	إ	ذ	ة	ئ	إ
و	ل	ص	ع	ظ	إ	ل	ي	ف	م	ت	ؤ	ق	ة
ن	ق	ا	إ	أ	خ	و	ت	و	ظ	ر	ق	ب	ة
ك	ت	ف	ذ	ذ	ي	ك	و	ع	د	ر	ت	ى	ي
ك	ت	ي	ر	ن	د	ر	ل	ؤ	غ	ح	ى	ع	ر
ع	د	ث	ى	ؤ	ت	و	ن	ل	ظ	ت	ؤ	ب	ج
ر	ذ	ت	ج	ى	ص	ف	ق	ظ	ك	ا	ح	ل	ل

فم
رئيس
دماغ
قلب
كوع
إصبع
ركبة
فك
يد
أنف

عين
كتف
أذن
جلد
رجل
رقبة
ذقن
دم
جبهة
كاحل

46 - Restaurante #1

د	ض	س	ح	ة	ق	س	ن	ا	د	ل	ة	س	م
ذ	ت	غ	إ	ا	ن	خ	ت	ت	س	ز	ب	ة	ك
ا	ط	ز	ج	ح	ر	ط	ب	ن	ئ	خ	ج	خ	و
ل	ت	ن	ا	و	ل	ا	ل	ط	ع	ا	م	ب	ن
ل	د	ي	ج	ص	ا	د	ى	خ	م	ح	ح	ز	ا
ح	ة	ك	د	ل	ق	ا	ئ	م	ة	ص	ل	ا	ت
ص	ح	س	ق	ص	ب	ة	ط	ئ	و	ر	ئ	و	ض
غ	س	ا	ت	ة	ط	ئ	خ	ي	ه	ا	ث	ك	ى
ئ	ا	و	ع	ا	ء	ك	م	ظ	ق	ف	ل	س	ص
ط	س	ح	إ	ط	ش	ق	ف	خ	ك	ب	ق	ش	ج
ل	ي	د	ن	م	ط	و	د	ظ	ح	ز	ق	إ	ب
ق	ة	ع	ت	و	ك	ج	ص	إ	ص	ف	ب	ى	ف
ف	ي	و	ج	ص	ر	إ	ة	خ	ذ	ت	ط	ص	ط
ش	ح	ع	ش	ا	س	ك	إ	ح	آ	ر	ض	ب	ج

حساسية
قهوة
صراف
لحم
لتناول الطعام
مطبخ
سكين
دجاج
نادلة
منديل

مكونات
قائمة
صلصة
خبز
حار
طبق
حجز
حلوى
وعاء

47 - Caminhada

س	م	ت	ؤ	ك	ط	خ	ض	و	ع	ب	ل	ا	ظ
ح	ا	ن	أ	ش	م	ظ	ب	ا	ف	ر	ج	ص	ه
ئ	ق	س	ا	ح	ت	ا	ن	ا	و	ي	ح	ل	ا
ة	ظ	ك	ع	خ	ذ	م	ا	ر	إ	ل	خ	ي	ج
ج	ى	ظ	ى	ش	ذ	ي	ئ	ا	ز	خ	ر	ق	ت
ح	ق	غ	ة	م	ى	ي	ة	ل	ب	ج	ي	ث	ا
ر	ض	ل	ى	س	غ	خ	ع	ح	ع	ذ	ط	ذ	ل
ط	ط	ط	ن	ن	ئ	ت	ي	د	ت	ا	ة	ق	ع
ا	ل	ح	ج	ا	ر	ة	ب	ا	م	م	آ	ا	ص
خ	ة	ذ	ص	ظ	ص	ط	ط	ئ	ت	ف	س	و	ق
م	ج	ن	ا	ذ	ك	ئ	س	ق	ط	ح	ع	ك	ظ
ل	م	ا	ء	ل	ب	ة	م	ة	ى	ض	ض	م	ج
ا	ح	ج	آ	ق	ح	ز	ن	ي	ص	ق	ك	ي	ع
د	ز	غ	غ	ر	ى	آ	آ	ك	و	ى	غ	ش	ر

تخييم
الحيوانات
ماء
أحذية
متعب
مناخ
خريطة
جبل
البعوض
طبيعة

اتجاه
الحدائق
الحجارة
جرف
المخاطر
ثقيل
تحضير
بري
شمس
طقس

48 - Beleza

ز	ي	و	ت	ا	ج	ت	ن	م	ئ	ص	ئ	ك	ش
ص	ص	ب	ي	أ	ن	د	ش	آ	ئ	ى	ز	ظ	ر
ز	م	م	ك	ح	ا	ل	ة	آ	د	ب	ج	ز	ق
ؤ	ا	ا	ن	م	أ	ا	ل	ل	و	ن	ا	خ	ق
ص	س	ش	آ	ر	ج	ن	س	د	ذ	ت	ي	ا	ك
ى	ك	ج	ق	ا	ح	ب	ا	د	آ	ج	ك	ض	ح
ع	ا	ل	آ	ل	ج	ل	ك	ق	ط	ع	ا	ئ	ا
ط	ر	د	ط	ش	خ	ى	ا	ي	ة	ي	م	ق	ص
و	ا	ط	س	ف	ز	إ	ذ	ق	ش	د	ة	ي	ض
ر	ا	ة	ن	ا	م	ش	د	ر	ذ	ا	ت	ف	ج
ح	ك	و	ج	ه	ر	ع	خ	ن	أ	ل	ة	ز	ل
س	غ	ف	ظ	ق	آ	ح	ا	ل	ن	ش	ذ	ج	ر
ى	س	خ	ذ	آ	ة	م	ع	ن	ي	ع	ؤ	ق	ة
خ	د	م	ا	ت	ظ	م	ل	إ	ق	ر	م	ئ	ى

أحمر الشفاه
تجعيد الشعر
سحر
اللون
أنيق
أناقة
مرآة
حلاق
رقيق
عطور

نعمة
ماكياج
زيوت
جلد
منتجات
ماسكارا
خدمات
ناعم
مقص
شامبو

49 - Filantropia

د	ع	ر	ل	ض	ب	ح	إ	ك	إ	غ	و	ص	أ
و	ئ	ل	ز	د	ض	ب	ف	ع	ء	ة	ا	ق	م
ي	ا	ف	ؤ	ز	ص	خ	ي	ر	ا	ت	ل	ا	و
ش	ع	ب	ا	ب	ش	ت	ث	ب	خ	ا	أ	م	ا
ا	م	ش	ع	ا	ل	م	ي	ت	س	ع	ط	و	ل
ا	ل	ه	ك	و	ك	ا	و	ط	ز	و	ف	ة	د
ل	ئ	ص	م	ي	س	ل	ط	إ	ش	م	ا	ز	ا
ت	ح	ف	د	ة	إ	م	ف	ج	م	ج	ل	ن	ل
ح	ظ	ش	ح	ق	ل	ا	ن	ا	ل	م	إ	ع	أ
د	ل	ا	ص	ت	ا	ل	ا	ت	ا	ه	ج	ا	ه
ي	ذ	غ	ظ	ش	ط	ي	ذ	ط	ط	م	ى	م	د
ا	ث	ر	ض	ط	إ	ة	ي	ن	ا	س	ن	إ	ا
ت	ا	ل	ب	ر	ا	م	ج	ا	خ	ز	ك	إ	ف
خ	م	ك	ل	ق	ك	ذ	د	ف	ؤ	م	ع	خ	ث

ملة
جهات الاتصال
الأطفال
التحديات
تبرع
المالية
أموال
سخاء
عالمي
مجموعات

التاريخ
الصدق
إنسانية
شباب
مهمة
الأهداف
شعب
البرامج
عام

50 - Ecologia

ئ	ؤ	ي	ت	م	ة	ق	و	ظ	ذ	ق	د	ا	ج
ط	ض	ؤ	ن	ظ	ج	آ	ت	ي	ة	خ	ف	ل	ف
و	ب	ط	و	ئ	ف	ت	ا	ه	و	ا	ر	ن	ا
ك	ض	ي	ع	ح	آ	ب	م	و	ك	ن	خ	ب	ف
ت	د	د	ع	ط	د	س	ق	ع	ك	م	ي	ا	ف
ص	ب	ف	ي	ي	ر	ن	ل	و	ا	ز	ض	ت	ت
ظ	ش	ز	إ	خ	ا	ب	ث	ن	خ	ت	ص	ي	ص
ف	ح	ز	د	ا	و	ا	ز	م	ز	ل	ق	ة	ل
م	س	ت	د	ا	م	ت	ذ	د	ع	ا	ل	م	ي
ا	ل	م	و	ئ	ل	ا	ب	ج	ل	ا	ن	ج	غ
ص	ن	م	س	ص	ا	ت	ا	ي	ة	س	ؤ	ب	غ
ا	ل	ح	ي	و	ا	ن	ا	ت	ة	ف	م	آ	ت
ة	ف	غ	ش	ت	ي	ط	ب	ي	ع	ة	ا	ج	ن
إ	ؤ	ح	ح	ش	آ	ا	ل	ب	ح	ر	ي	ة	ن

مناخ
مجتمعات
تنوع
الحيوانات
النباتية
عالمي
الموئل
البحرية
الجبال
طبيعي

طبيعة
اهوار
نباتات
الموارد
جفاف
نجاة
مستدام
نوع
نبت

51 - Família

ت	ل	ة	ج	و	ز	م	ا	ل	و	ص	ث	د	ا
ة	ا	ل	ز	و	ج	إ	ا	ب	ن	أ	خ	ي	ل
ا	ف	و	و	ث	خ	ر	ؤ	ص	خ	ف	ت	خ	أ
ؤ	ط	ف	ظ	ص	ش	ش	ة	ى	ا	د	آ	ى	م
ى	أ	ط	س	ب	ش	ز	آ	ج	ئ	ئ	ط	ى	ز
ت	ل	ل	ة	ل	ف	ط	ئ	ث	ض	ن	ا	أ	ذ
ا	ا	ا	ن	س	ف	و	و	خ	ق	م	ل	م	ذ
ل	ن	ة	م	ع	ف	ش	د	د	ج	ئ	أ	ج	ى
ع	و	ل	ن	آ	ي	د	ش	ق	ي	ق	ب	د	ا
م	ب	ح	ب	ب	م	غ	ا	ج	ش	ف	ف	ة	ب
ك	ذ	ر	ث	ف	ا	ي	ذ	آ	ل	ص	ح	د	ن
ل	ل	م	ص	و	ش	خ	غ	ص	ج	ة	م	ز	ع
أ	ب	د	غ	ك	ح	ز	ص	ك	ح	ق	آ	ب	م
ض	ض	ص	آ	ئ	ا	ز	س	ص	ك	ي	ة	ظ	ش

الزوج
الأم
أم
حفيد
أب
الأب
ابن عم
ابن أخ
عمة
العم

سلف
جدة
جد
طفل
الأطفال
زوجة
ابنة
مرحلة الطفولة
أخت
شقيق

52 - Férias #2

ج	ب	ذ	ة	ل	ث	ل	ن	د	ر	ا	ة	ط	س
م	و	ا	ل	ت	ح	ف	ظ	ا	ت	ل	ه	ص	ظ
ئ	ط	ا	ش	ظ	ؤ	ا	ج	ي	ب	ن	ج	أ	غ
ن	إ	ب	ز	آ	ي	ا	س	ا	ع	ق	و	ئ	ز
ف	ن	د	ق	س	ص	ك	ة	ج	ث	ل	ح	و	ظ
إ	خ	ظ	ظ	ط	ف	ر	آ	ل	خ	ر	ي	ط	ة
ؤ	إ	آ	آ	م	ة	ر	ي	ز	ج	ح	ا	ظ	ئ
ئ	ق	ى	ث	ص	ز	ل	م	د	ج	ب	ت	ط	غ
ى	ا	ل	ج	ب	ا	ل	ب	ج	ش	ع	خ	ي	م
ذ	ك	ت	ش	س	خ	ع	م	ئ	ج	خ	ة	ؤ	ش
ة	ل	ط	ع	ع	ي	س	ك	ا	ت	ذ	ظ	ف	ض
ا	ل	ص	و	ر	م	ع	ط	م	ك	م	و	ب	إ
ص	خ	ح	ى	ج	ة	ا	ل	ت	ر	ف	ي	ه	ى
ج	ا	ة	ر	ي	ش	أ	ت	ظ	ق	ؤ	ش	ط	م

مطار
وجهة
أجنبي
عطلة
الصور
فندق
جزيرة
الترفيه
خريطة
بحر

الجبال
جواز سفر
شاطئ
التحفظات
مطعم
تاكسي
خيمة
النقل
رحلة
تأشيرة

53 - Edifícios

م	ن	ى	ف	ش	ت	س	م	غ	ا	ط	ر	ج	ك
ص	ث	م	د	ب	ر	ج	ى	د	ئ	د	إ	ا	ل
ن	ي	ط	خ	ط	ظ	ش	ج	ا	ر	ك	خ	م	ث
ع	ض	ض	ة	ق	ش	غ	ل	ة	ب	س	س	ع	ت
س	و	ب	ر	م	ا	ر	ك	ت	ت	ت	ة	ة	آ
ر	ئ	ح	ا	ي	ي	ق	ض	ر	خ	ق	ع	د	ظ
ر	إ	ظ	ف	ع	و	خ	إ	ع	م	ع	ل	ز	ق
ق	خ	ئ	س	ا	ي	ث	ي	ص	ش	ظ	ق	ح	ط
ح	ش	ر	ل	ج	ع	ت	ؤ	م	ؤ	ف	ح	ت	م
م	ة	غ	ا	م	ن	ي	س	ق	خ	ن	ذ	ظ	آ
ف	ر	ش	ر	ا	إ	ض	ئ	م	ك	د	ي	ى	ز
ى	ي	ص	ع	و	إ	ح	ب	ل	ك	ق	ز	ب	ض
ي	ظ	إ	د	ح	ق	ذ	ة	ع	ر	ز	م	ش	ب
ج	ح	ر	س	م	ذ	ب	ف	ب	ل	ظ	إ	ر	و

شقة
قلعة
حظيرة
سينما
السفارة
مدرسة
ملعب
مزرعة
مصنع
كراج

مستشفى
فندق
مختبر
متحف
مرصد
سوبر ماركت
مسرح
خيمة
برج
جامعة

54 - Xadrez

ح	إ	ا	ل	خ	ص	م	ق	غ	ط	ذ	ز	ض	ح
ث	س	و	ي	ع	د	ة	ط	ا	ق	ن	ل	ا	ة
ذ	ت	ق	و	ل	ا	ط	ر	ى	د	ب	ب	ش	ب
م	ر	ئ	ة	ل	ب	د	ي	م	ل	ع	ت	ي	ل
ل	ا	ق	ل	ع	ض	ب	ع	ا	ل	ر	ا	ئ	ى
ك	ت	ت	ش	ب	ل	ط	د	ك	ف	ك	ل	و	ة
ة	ي	ي	ض	ه	ب	ل	أ	س	و	د	ت	ك	ق
س	ج	آ	ي	ح	ر	ط	ر	ز	د	ض	ح	ق	ب
ف	ي	ذ	ب	ق	ي	ظ	ج	غ	م	ك	د	ح	ا
ا	ة	ب	أ	ش	ك	ة	ل	ض	ع	س	ي	ص	س
ن	إ	ي	ك	ت	خ	ا	س	إ	ق	ش	ا	ة	م
م	غ	س	ر	ر	ط	ة	ن	ك	ص	د	ت	ن	ل
م	ب	ن	ي	ل	ل	م	ج	ه	و	ل	ؤ	ذ	ط
إ	ز	غ	ف	غ	ق	ظ	و	د	ش	آ	ج	ز	غ

ليتعلم
أبيض
بطل
منافسة
التحديات
قطري
إستراتيجية
لاعب
لعبه
الخصم

مبني للمجهول
النقاط
أسود
ملكة
قواعد
ملك
تضحية
الوقت
مسابقة

55 - Aventura

ا	ي	ض	غ	ا	ص	م	ف	ق	د	ق	ة	ى	خ
ل	ا	م	ج	ن	ئ	ع	ل	ذ	ق	ج	ع	إ	ش
م	ج	ؤ	ى	ح	ك	د	و	غ	ط	ل	ى	ن	ج
ل	ن	و	ض	ر	ظ	خ	ث	ب	س	ب	ى	ك	ا
ا	ق	ض	س	ا	م	ح	آ	ظ	ة	ة	ي	خ	ع
ح	ذ	ي	خ	ف	ا	ج	إ	إ	و	ه	ع	ع	ة
ة	ف	ر	ص	ة	ل	ط	خ	د	ئ	ئ	ج	ؤ	ة
ة	ن	ش	ا	ط	ت	خ	ط	ي	ر	و	ق	و	ى
أ	م	ظ	ل	ر	ح	د	ي	د	ا	ع	ر	ي	غ
ج	أ	ذ	ذ	ا	د	ى	إ	ج	ث	ذ	ي	ض	ل
ا	ص	ح	ا	ب	ي	ج	ى	ل	ؤ	خ	ض	ث	ذ
ف	ز	ك	ب	ش	ا	ط	ح	ا	ا	ئ	ح	ج	ص
م	ر	ح	ا	غ	ت	ح	ت	ق	آ	ة	ت	س	ت
م	س	ا	ر	ا	ل	ر	ح	ل	ة	ر	ى	ت	خ

انحراف
غير عادي
مسار الرحلة
طبيعة
الملاحة
الجديد
خطير
تحضير
أمن
مفاجأة

مرح
اصحاب
نشاط
جمال
شجاعة
فرصة
التحديات
وجهة
صعوبة
حماس

56 - Floresta Tropical

خ	ا	ا	غ	ح	ق	ض	م	م	م	غ	ى	ؤ	س
خ	ع	ز	س	ئ	ق	ك	ن	ا	د	د	ظ	ف	ح
أ	ص	ل	ي	ت	ش	ط	ا	ى	ل	و	ذ	و	ا
ض	ة	ا	ذ	م	ع	آ	خ	ي	ظ	غ	ن	ض	ب
ب	ت	ص	ى	ر	ة	ا	ى	ث	ص	د	ا	ئ	ض
ث	ئ	ش	د	و	ع	ض	د	م	ل	س	ف	ب	ح
ا	ل	ث	د	ي	ي	ا	ت	ة	ل	م	س	ن	ة
ت	ن	و	ع	ط	ب	ي	ص	ا	ظ	ج	غ	ب	ع
ز	ت	ص	ا	ل	ط	ص	ش	ج	ة	ف	أ	ا	ا
ك	ق	ت	و	ا	ز	ا	د	ن	د	ي	و	ت	ح
ك	إ	ظ	ن	ا	ل	ح	ش	ر	ا	ت	ث	ي	ت
ط	ب	ب	أ	ظ	إ	ص	ظ	ط	ح	ل	ب	ع	ر
س	غ	خ	ل	ت	ا	ي	ئ	ا	م	ر	ب	ل	ا
م	ذ	ص	ا	ذ	و	ق	ي	م	ة	ج	غ	ن	م

البرمائيات
نباتي
مناخ
ملة
تنوع
الأنواع
أصلي
الحشرات
الثدييات
طحلب

طبيعة
سحاب
الطيور
حفظ
ملجأ
احترام
استعادة
الغابة
نجاة
ذو قيمة

57 - Cidade

م	ع	ر	ض	ج	ا	ئ	ز	ا	ش	ر	ذ	ت	خ
س	ذ	ا	م	ن	ي	س	آ	ظ	ر	ص	ض	و	ر
و	ع	ط	ع	آ	ئ	م	ج	ى	ب	ق	ب	ة	ق
ب	ت	م	ط	ش	ص	م	س	ة	ن	د	ث	ل	ظ
ر	ع	ا	م	ق	ص	ا	ل	و	ن	ي	ب	آ	ؤ
م	م	ن	س	ق	ز	ه	و	ر	م	ت	ح	ف	ع
ا	خ	خ	س	ا	و	ر	ض	م	س	ر	ح	ؤ	ي
ر	ز	ب	خ	م	س	س	د	ح	ئ	و	غ	د	ا
ك	ذ	ن	ا	و	ي	ح	ة	ق	ي	د	ح	ر	د
ت	ن	ك	ت	ف	ح	ج	ق	س	ذ	ق	ر	ث	ة
م	ل	ع	ب	ا	ن	غ	ر	و	ر	ؤ	ك	ق	ب
و	ب	ق	د	ظ	ش	د	و	ب	ص	د	ى	ت	ت
غ	ئ	خ	ة	ق	ؤ	ج	ق	ق	ا	م	م	ز	ك
ق	ر	ئ	ص	ي	د	ل	ي	ة	ع	م	ا	ج	م

مطار
بنك
مكتبة
سينما
عيادة
مدرسة
ملعب
صيدلية
منسق زهور
معرض

فندق
حديقة حيوان
سوق
متحف
مخبز
مطعم
صالون
سوبر ماركت
مسرح
جامعة

58 - Música

أ	ب	ز	ف	ك	ت	ي	ذ	م	ر	ز	ش	ص	ث
ق	د	ث	ت	ل	ق	إ	ة	و	ت	ل	ط	و	ز
ج	ل	ا	ر	ب	و	أ	ل	س	ظ	ع	ئ	ت	إ
غ	ن	ى	ة	ق	و	ج	ل	ي	ج	س	ت	ي	غ
ا	م	ي	ذ	د	ي	ع	ا	ق	ي	إ	ص	آ	ؤ
و	ن	ر	ق	ح	آ	ئ	ة	ي	ئ	ا	ن	غ	إ
ض	آ	س	ك	ى	ي	آ	ض	م	ض	ع	ل	ن	م
ل	ك	ى	ج	ي	م	و	ن	ص	ع	ا	ث	ة	ي
ة	ح	ج	ا	ا	ر	ا	ل	إ	ي	ق	ا	ع	ك
ب	ن	ف	م	ل	م	ك	ل	ا	س	ي	ك	ي	ر
ت	ح	س	ي	ن	م	ئ	آ	خ	ك	إ	ذ	ر	و
أ	ل	ب	و	م	ص	غ	ر	ر	ب	ع	ى	ع	ف
ث	ن	ح	د	د	ط	ق	ن	ؤ	ص	خ	ئ	ا	و
ح	س	ي	ط	ز	ل	خ	ة	ي	ن	غ	أ	ش	ن

ألبوم
أغنية
غنى
المغني
كلاسيكي
جوقة
تسجيل
انسجام
تحسين
أداة

غنائية
لحن
ميكروفون
موسيقي
أوبرا
شاعري
إيقاع
إيقاعي
الإيقاع
صوتي

59 - Matemática

ض	ط	ي	ح	م	م	م	د	إ	ز	ع	ة	ذ	م
ئ	ل	ص	س	أ	ا	ض	ر	ط	ق	م	ط	ه	و
ش	ر	ظ	ا	ن	ت	ت	ل	ب	ؤ	و	ث	ن	ا
ا	آ	ت	ب	ؤ	ث	ذ	ة	ع	ع	د	ش	د	ز
ي	ل	م	ع	ا	د	ل	ة	و	ج	ي	م	س	د
ا	ج	أ	ا	د	ج	ص	و	م	و	ل	ث	ة	ر
و	ز	ي	ر	ش	ع	س	ل	ج	ز	ط	ل	س	ج
ز	ء	ط	آ	ق	ح	ز	ت	م	ت	خ	ث	ن	ا
ج	ي	ح	ى	د	ا	ش	ب	ل	ض	غ	ط	خ	ت
ث	ئ	ض	ؤ	إ	ح	م	ط	غ	ت	ب	ذ	ؤ	و
ش	ف	ئ	ن	ؤ	ع	ج	ة	ص	ن	ى	ض	ط	ص
ج	ى	ة	ا	ى	ة	ة	ت	إ	غ	ح	ط	ع	ل
م	س	ت	ط	ي	ل	ل	ؤ	ش	س	ظ	ت	ص	ا
ك	آ	خ	ف	ع	ك	ل	ى	د	ج	ؤ	ئ	ن	غ

حساب	الأرقام
زوايا	مواز
محيط	عمودي
عشري	مضلع
قطر	مربع
معادلة	مستطيل
أس	تناظر
جزء	مجموع
هندسة	مثلث
درجات	الصوت

60 - Saúde e Bem Estar #1

أ	ل	غ	آ	ن	ى	ث	ح	ص	ق	ف	ص	ى	ف
ي	ع	و	غ	ذ	ج	ز	د	ق	ي	ى	ئ	س	ي
ب	ا	ص	ج	ب	ت	ب	ح	س	ص	د	ز	غ	ر
ص	ف	ص	ا	ي	ر	ي	ت	ك	ب	ل	ل	ز	و
ذ	ت	ح	ل	ب	د	م	ص	ع	و	ج	إ	ي	س
ك	ر	ي	ع	ط	ت	م	ش	ن	ذ	ا	ل	ن	ة
س	ا	خ	ح	ش	ف	ر	ط	م	ت	ل	ع	ق	د
ر	ق	س	إ	ن	ق	ف	ة	د	ا	ع	ظ	ؤ	ا
ا	ل	ه	ر	م	و	ن	ا	ت	س	ل	ا	ا	ي
ث	د	ص	ة	ر	م	ط	ئ	ض	ت	ا	م	ن	ع
ئ	ص	و	ل	ي	ل	ع	ف	ل	ر	ف	ف	ئ	ج
ئ	ز	ط	ا	ق	ا	ن	ا	خ	خ	ك	ن	ن	ئ
ض	ا	و	ت	ء	ة	س	ع	ئ	ا	ت	ف	ظ	ل
ف	ئ	ش	خ	ع	ث	ا	ت	م	ء	خ	ع	ا	ؤ

ارتفاع
نشط
بكتيريا
عيادة
طبيب
صيدلية
جوع
كسر
عادة
الهرمونات

دواء
أعصاب
عظام
جلد
الموقف
منعكس
استرخاء
علاج
العلاج
فيروس

61 - Natureza

ض	ب	ا	ب	ا	ئ	ك	و	ت	ذ	و	ض	ن	ا
د	ح	ي	ا	إ	د	إ	ز	ؤ	ث	ض	ج	ه	ل
ا	ل	ق	ط	ب	ا	ل	ش	م	ا	ل	ي	ر	ح
و	ا	ا	ح	ي	ه	ك	أ	ع	م	خ	م	ى	ي
و	م	ى	ل	ي	و	و	و	ق	ل	ر	ل	ئ	و
ز	ج	ج	ئ	ن	و	ح	ر	س	ا	ج	س	ط	ا
إ	س	غ	ؤ	ق	ح	ي	ا	س	ذ	ظ	ز	إ	ن
ر	ا	ط	ك	إ	ظ	ل	ق	د	ح	س	ح	غ	ا
د	ؤ	م	ت	ح	ر	ك	ا	ى	ي	ا	ى	ص	ت
ث	ب	ي	خ	إ	ف	ت	ل	ذ	ؤ	ت	س	ئ	خ
غ	ا	ط	ق	ا	ز	ب	ش	ف	م	ث	ل	ج	ة
ص	ح	ر	ا	ء	ض	ث	ج	ح	ز	ق	ك	ض	ب
ا	س	ت	و	ا	ئ	ي	ر	ب	خ	ش	آ	ة	ا
م	أ	و	ى	ت	س	س	ج	ص	ش	ش	ت	ش	غ

مثلجة
ضباب
سحاب
سلمي
نهر
ملاذ
بري
هادئ
استوائي
حيوي

النحل
مأوى
الحيوانات
القطب الشمالي
جمال
صحراء
متحرك
تآكل
غابة
أوراق الشجر

62 - A Empresa

ا	ا	ة	م	ح	آ	ط	ص	إ	خ	و	ا	ي	ا
ل	ل	و	ز	ص	ن	ر	ح	س	ز	ل	آ	ل	ض
و	م	ة	ى	ت	ف	ع	ا	ل	م	ي	م	م	ا
ح	خ	ض	ب	ض	ا	ة	ذ	و	ي	ن	د	ع	ل
د	ا	ج	ب	ث	ج	ف	ا	س	ت	ت	ق	ن	م
ا	ط	م	ب	ت	ك	ر	ح	ج	إ	و	ت	ض	ث
ت	ر	ا	ة	ح	د	ت	ج	و	ض	ظ	ا	ل	ف
ر	ا	ر	ق	س	ظ	ح	خ	م	ة	ي	ه	ذ	آ
ت	م	ئ	ي	ظ	ط	م	ل	ع	ي	ف	ا	ف	خ
ش	ث	إ	ي	ر	ا	د	ا	ت	ن	ط	ج	ز	ئ
م	ت	ؤ	ع	ض	ي	ن	ق	ع	ا	و	ت	ث	س
ص	س	ز	ش	ك	ص	د	ل	ر	ك	غ	ا	ؤ	ر
ك	ا	ى	ط	ن	ا	ة	ؤ	ض	م	ة	د	و	ج
ة	ع	م	س	ي	ن	ة	ذ	ط	إ	و	ؤ	د	ك

المنتج
محترف
تقدم
جودة
إيرادات
الموارد
سمعة
المخاطر
اتجاهات
الوحدات

عرض
خلاق
قرار
توظيف
عالمي
صناعة
مبتكر
استثمار
عمل
إمكانية

63 - Aviões

ه	ب	و	ط	ف	ف	س	ع	ي	ب	و	ق	و	د
ح	ع	ب	ك	ا	ر	م	ك	ل	ا	ص	ل	ذ	ة
ك	ء	ا	ن	ب	ا	ا	ظ	ق	آ	ش	ظ	ظ	ى
ذ	ا	ل	ف	ق	ي	ء	د	ن	ى	م	ى	ك	د
ؤ	و	و	ج	ت	ط	ي	ن	ت	ك	ق	ق	ت	ئ
ا	ه	ن	خ	ي	ر	ا	ت	ل	ا	ذ	ي	ا	ز
ؤ	ت	ي	و	ج	ل	ا	ف	ا	ل	غ	ل	ا	ة
ن	ي	ج	و	ر	د	ي	ه	ا	ض	ط	ر	ا	ب
ق	م	آ	ا	ث	ؤ	ن	ي	ذ	ا	ف	ي	ع	ف
و	خ	ح	ج	ه	ع	م	ل	ئ	ا	ر	ظ	خ	ك
م	ض	ة	ر	م	ا	غ	م	م	ت	ئ	ي	ز	ط
ج	ت	ث	ج	ك	آ	ذ	ا	ن	ر	خ	ك	ز	ا
ش	ة	ظ	ؤ	ى	ت	ئ	ق	ي	ع	ض	ح	خ	ق
ق	ج	م	ص	ة	ب	ظ	ص	ع	ث	ب	ح	ث	م

ارتفاع
هواء
هبوط
الغلاف الجوي
مغامرة
بالون
سماء
وقود
بناء
اصل

اتجاه
هيدروجين
التاريخ
تضخم
محرك
التنقل
راكب
طيار
طاقم
اضطراب

64 - Tipos de Cabelo

خ	م	ت	ن	ر	ق	ش	أ	ل	ل	د	ل	ث	ن
ة	ق	ا	ق	ق	ر	ح	و	م	ش	ع	م	ا	ل
ب	ض	ل	ض	ي	ف	م	ت	م	و	ج	ث	و	ث
غ	ص	ض	م	ق	ض	ض	د	ع	و	م	ك	و	ف
ض	ي	ف	ط	ف	م	ي	ة	ا	آ	ج	ا	ف	ي
غ	ن	ا	ظ	ن	ئ	ب	ي	ن	ا	خ	ع	ر	ض
ل	أ	ئ	س	ح	ت	أ	ك	ة	خ	ف	ش	ل	ك
ي	س	ر	ج	ت	ج	ع	ي	د	ا	ل	ش	ع	ر
د	و	ؤ	ث	و	ؤ	ي	م	ج	ئ	م	ل	ب	ا
ا	د	ص	ج	ن	ح	ع	س	ى	ض	ا	د	ن	ئ
م	س	ض	ح	ث	ط	أ	ة	ح	ن	ف	خ	ي	ز
ر	ل	ن	ؤ	ي	و	ص	م	ة	و	ى	م	ش	ح
آ	ن	و	ر	ص	ي	ل	ح	ش	ذ	ة	د	ى	ع
و	ل	م	ن	ب	ل	ع	ب	ن	ث	آ	م	ل	ؤ

أبيض
لامع
تجعيد الشعر
أصلع
رمادي
ملون
مجعد
رقيق
سميك
أشقر

طويل
بني
متموج
فضة
أسود
صحي
جاف
ناعم
مضفر
الضفائر

65 - Criatividade

ش	خ	ف	ن	إ	م	ا	ا	ل	ع	و	ا	ط	ف
د	ي	ف	ن	ع	ش	ن	ر	ي	ب	ع	ت	ل	ا
ة	ا	ؤ	ك	ي	ا	ط	ر	ت	ر	د	ع	ث	ل
ي	ل	ب	ظ	ذ	ع	ب	ز	ك	ق	ب	و	ز	ح
و	ا	ض	ا	ؤ	ر	ا	ط	م	ل	م	ي	ب	د
ي	ى	ة	ع	خ	ض	ع	ز	ئ	ب	ا	ئ	ي	س
ح	ي	ظ	ز	ؤ	س	ئ	آ	ظ	آ	ه	ض	ص	ا
ث	ز	ؤ	غ	ز	خ	ز	إ	ط	خ	ل	ح	و	س
د	ر	ا	م	ا	ت	ي	ك	ي	س	إ	ح	ر	ح
ع	ذ	ت	ذ	ى	غ	ة	أ	ص	ا	ل	ة	ة	إ
ج	ف	و	ن	غ	ا	ل	ر	ؤ	ى	ا	ؤ	ي	و
د	ر	و	ؤ	ش	ب	و	ا	ا	ت	ل	ح	ح	ض
ئ	ئ	ؤ	ي	ظ	إ	ي	ج	ن	ه	ؤ	د	ع	و
ث	غ	ك	س	ة	غ	س	ئ	ئ	ز	م	خ	ل	ح

فني
أصالة
وضوح
دراماتيكي
العواطف
عفوية
التعبير
سيولة
مهارة
صورة

خيال
انطباع
الإلهام
شدة
الحدس
مبدع
إحساس
مشاعر
الرؤى
حيوية

66 - Dias e Meses

ن	ب	ي	ر	ك	ع	د	س	ي	م	خ	ل	ا	ئ
ع	و	ب	س	أ	و	ي	ن	ص	ت	ظ	ش	ف	ع
ج	ي	ف	ظ	ز	ز	س	ة	ع	م	ج	ل	ا	ل
ج	ن	خ	م	م	ؤ	م	غ	ط	و	م	س	و	ي
ا	و	ة	ى	ب	د	ب	ص	ق	خ	ؤ	ب	د	ث
ل	ي	ر	ب	أ	ر	ر	ظ	ز	ج	ي	ت	ع	آ
ي	ن	ا	ي	ر	ص	ب	و	د	ب	ى	م	ن	س
ت	ب	س	ل	ا	آ	ث	و	ز	ص	ذ	ب	ك	ز
ف	ق	ض	ح	ا	ص	ح	س	ت	ظ	ع	ر	ض	خ
ب	ع	و	ط	ذ	ق	ق	د	ص	ك	ش	ه	ر	ن
ر	ز	ي	ي	ج	غ	ن	ئ	ش	م	أ	ش	ط	ن
ا	و	ل	خ	م	ا	ل	ث	ل	ا	ث	ا	ء	آ
ي	ر	و	أ	غ	س	ط	س	ز	ي	ى	ع	خ	ز
ر	ث	ي	د	ح	أ	ل	ا	ل	ا	ث	ن	ي	ن

أبريل
أغسطس
سنة
تقويم
ديسمبر
الأحد
فبراير
يناير
يوليو
يونيو

شهر
نوفمبر
أكتوبر
الخميس
السبت
الاثنين
أسبوع
سبتمبر
الجمعة
الثلاثاء

67 - Saúde e Bem Estar #2

ت	ك	ر	ق	ج	ؤ	ك	ر	س	ي	ط	ل	د	ا
ف	د	ث	إ	ص	ر	ة	ذ	ي	ؤ	ش	آ	ت	ل
ي	ح	ل	س	ئ	ج	ع	د	و	ى	د	إ	ز	ن
ت	ط	ع	ي	ف	ا	ع	ت	ل	ا	ص	ح	ي	ظ
ا	ف	س	ح	ك	ز	ى	ل	م	خ	د	ي	ظ	ا
م	ث	ل	خ	ة	م	و	ف	ة	ل	ي	ر	ط	ف
ي	د	ش	ز	ن	ض	و	ع	م	ش	ح	ش	م	ة
ن	ش	ا	ن	د	ه	ز	ط	ع	ش	س	ت	ى	س
إ	ط	ت	د	ز	ف	ض	ف	ى	ئ	ا	ذ	ك	ج
ع	ل	م	ا	ل	و	ر	ا	ث	ة	س	د	م	ط
ت	ج	ف	ا	ف	خ	م	ج	ت	ي	ي	و	م	س
ن	س	غ	ص	ا	ط	ا	ق	ة	ه	ة	ي	م	ح
خ	آ	ص	ث	ر	ش	ا	ش	ب	ش	ج	ث	ة	ل
ت	ق	ا	ى	ن	ئ	م	س	ت	ش	ف	ى	آ	ن

النظافة
مستشفى
مزاج
عدوى
تدليك
وزن
التعافي
دم
صحي
فيتامين

حساسية
تشريح
شهية
جثة
تجفاف
حمية
هضم
مرض
طاقة
علم الوراثة

68 - Geografia

م	ف	ز	ب	ر	غ	إ	ث	ؤ	ى	ة	ر	ا	ق
ي	ض	ة	ح	و	د	ع	س	م	ح	ي	ط	ق	ذ
ر	غ	ض	ر	ع	ل	ا	ط	خ	خ	م	ل	م	ل
ي	ظ	ذ	ط	ي	س	ل	ط	أ	ط	ل	ء	خ	ر
د	آ	م	و	ئ	ز	ب	ض	ى	ا	ا	ا	ت	د
ي	ى	و	ب	و	ن	ج	ئ	ج	ل	ع	و	م	و
ا	ح	ج	ض	ع	ف	ظ	س	ظ	ط	ل	ت	ل	ش
ن	ؤ	ت	ز	ض	ظ	ظ	ث	إ	و	ا	س	ا	ع
ذ	إ	ف	ع	ا	ف	ت	ر	ا	ل	غ	ا	ب	ي
ا	ط	ظ	س	ى	ع	ة	ه	ة	ض	و	ل	ل	ش
ش	ى	س	د	ح	د	م	ن	ط	ق	ة	ا	د	ي
غ	س	و	ص	س	د	ن	ط	ي	م	و	ط	ا	ع
خ	إ	ج	ا	ش	غ	د	ي	ر	د	ن	خ	ى	ظ
ئ	إ	د	م	ث	ظ	ق	ر	خ	ع	م	ب	ر	ط

ارتفاع
أطلس
مدينة
قارة
خط الاستواء
جزيرة
خط العرض
خط الطول
خريطة
بحر

ميريديان
جبل
العالمية
شمال
محيط
غرب
بلد
منطقة
نهر
جنوب

69 - Antártica

ج	ت	ظ	ز	ي	ك	ك	ث	ه	ص	م	ا	ب	ط
ت	ل	ا	ف	ى	ن	ع	خ	ج	ش	ا	ل	ة	ب
ك	ي	ي	ؤ	ح	ذ	ؤ	ى	ر	ب	ل	م	ر	و
د	و	ح	د	ع	ل	م	ي	ة	ه	ب	ع	ا	غ
ت	آ	ف	ة	ي	ف	ا	ر	غ	ج	ط	ا	ر	ر
ئ	ش	م	س	س	م	ا	ء	ذ	ز	ا	د	ح	ا
د	ن	ض	ي	ج	ل	ل	ظ	ر	ي	ر	ن	ل	ف
ق	ا	ر	ة	ن	غ	ي	ح	ق	ر	ي	ي	ا	ي
ج	ت	ص	خ	ر	ي	ن	ع	ث	ة	ق	ؤ	ة	ا
د	ي	ب	ي	ئ	ة	ب	ج	ح	ي	ز	ص	ج	ا
ل	ح	ؤ	ط	م	ذ	د	ي	ا	ل	ج	ز	ر	ب
إ	ل	ج	ؤ	و	م	ا	ل	ب	ع	ث	ة	د	ذ
ل	ا	ز	ث	ل	ص	ئ	خ	ط	ؤ	ت	إ	آ	م
ئ	س	ق	ش	إ	ع	م	ص	ط	ر	ك	ي	و	ب

بيئة
ماء
خليج
الحيتان
علمي
الحفظ
قارة
كوف
البعثة
جليد

جغرافية
الجزر
باحث
هجرة
المعادن
شبه جزيرة
البطاريق
صخري
درجة الحرارة
طبوغرافيا

70 - Flores

ث	ؤ	ص	ب	ى	ع	ا	ل	ك	ر	ك	د	ي	ه
ض	ز	م	ت	ل	ق	ب	ن	ز	ب	غ	ب	ة	ا
ي	ز	ي	د	ف	و	ش	ا	خ	ش	خ	ل	ا	ل
ظ	ئ	ر	و	ن	ظ	م	ا	د	ي	ئ	ة	غ	ب
ا	ل	ب	ة	ص	آ	ب	ي	ل	ا	ؤ	ث	ق	ت
ل	ر	ل	إ	م	ة	ث	غ	ر	س	ل	ؤ	ي	ل
ه	م	ا	غ	ن	و	ل	ي	ا	ي	ح	ش	ق	ة
ن	ر	س	إ	ي	خ	و	ن	ه	ش	ا	ل	م	ة
د	م	ج	ت	م	ى	م	ا	ز	خ	ك	ز	ب	س
ب	ئ	ر	ش	س	ؤ	ذ	و	أ	ة	خ	آ	ت	غ
ا	ي	ن	ر	ا	د	ق	ج	ة	د	ر	و	و	ا
ء	ص	ل	ث	ي	ئ	غ	ر	ق	د	ى	ؤ	ل	م
آ	ص	ا	د	ث	ث	د	أ	ا	ش	ز	ن	ي	ي
ج	ا	ر	د	ي	ن	ي	ا	ب	ث	ش	ك	ب	ا

باقة أزهار
الهندباء
جاردينيا
عباد الشمس
الكركديه
ياسمين
خزامى
أرجواني
زنبق
ماغنوليا

ديزي
النرجس البري
السحلب
الخشخاش
البتلة
بلوميريا
وردة
نفل
توليب

71 - Fazenda #1

ظ	غ	ص	ق	ث	ز	ع	ا	م	ك	ة	غ	ق	خ
خ	غ	ر	ط	ح	ر	ع	ج	ل	ظ	ب	ق	ظ	ج
ط	ى	ل	ا	ن	ا	غ	ب	س	ف	ث	آ	ؤ	ة
ث	ن	ذ	ف	ب	ع	خ	ل	ع	ن	س	ض	غ	ؤ
ة	ت	س	ي	ت	ة	ؤ	ا	ؤ	ت	ى	ة	إ	ت
ة	ز	ض	د	إ	ة	ب	ة	ض	ج	ى	ض	ق	ق
ض	ك	ش	ظ	ا	ك	ي	ظ	س	ض	ث	د	ؤ	م
ن	ث	ث	ن	ن	ح	ل	ة	د	ك	ل	ب	ظ	ض
ت	ح	ق	ل	ا	ش	ل	ث	ط	ج	ا	ي	س	ب
ض	ز	ا	إ	ص	خ	ق	ظ	س	ت	ا	ة	ؤ	ق
ح	م	ا	ر	ح	ن	ط	ر	ي	م	ف	ج	ا	ر
ا	ك	ر	م	إ	ز	ي	ج	ئ	ى	ا	و	ص	ة
ث	ر	ب	ا	ش	ي	ع	ظ	أ	ر	ز	د	ى	آ
ع	ف	ؤ	ء	ي	ر	م	ؤ	م	ز	ت	ى	ة	ئ

نحلة
زراعة
أرز
ماء
عجل
حمار
ماعز
حقل
حصان
كلب

سياج
غراب
تبن
سماد
دجاج
قط
عسل
خنزير
قطيع
بقرة

72 - Livros

ق	م	ي	آ	ة	د	ي	ص	ق	م	س	خ	س	م
ص	ج	ظ	ى	ي	خ	ي	ر	ا	ت	ك	ل	آ	ب
ة	م	د	ق	ج	ب	ب	ع	ا	ت	ط	ت	ي	د
ر	و	ر	ط	ا	و	د	ش	ص	ف	ح	ة	و	ع
م	ع	ذ	ة	و	ر	أ	ط	إ	ل	ز	ل	ا	ب
ا	ة	ع	ظ	د	ح	ئ	ح	ح	ع	ن	ص	ر	ن
غ	ك	غ	ؤ	ز	م	أ	س	ا	و	ي	ل	ل	ك
م	ذ	ي	ف	ا	ت	ظ	إ	ب	ل	ب	ا	ا	ك
ض	ت	ن	ة	ل	س	ل	س	خ	ؤ	ض	ت	ا	ي
ش	آ	ص	م	ا	ؤ	ظ	ج	آ	ز	خ	ا	ع	ة
ئ	آ	ص	ح	ا	ق	م	ح	ب	ة	ظ	ذ	س	ض
غ	ك	ة	ل	ج	ج	ر	و	ا	ي	ة	ج	ذ	ل
ي	ك	غ	م	س	ي	ا	ق	ا	ل	ك	ل	ا	م
إ	ث	د	ج	ر	و	ش	ز	ض	ئ	ر	آ	ع	و

مؤلف
مغامرة
مجموعة
سياق الكلام
الازدواجية
مكتوب
ملحمة
قصة
تاريخي
مبدع

قارئ
أدبي
الراوي
صفحة
قصيدة
شعر
ذات الصلة
رواية
سلسلة
مأساوي

73 - Chocolate

م	س	ح	و	ق	ق	ص	م	غ	ش	ط	ق	م	ا
ص	ا	ا	ل	م	ر	س	ا	ز	ر	ى	ب	ض	ل
ر	و	ت	ح	ض	ت	ك	ع	س	ج	ي	ئ	ا	ك
ا	ص	ذ	ص	ك	ا	ذ	ط	ط	آ	ظ	ب	د	ا
ل	خ	ف	ن	ذ	ي	ذ	ل	ب	ن	ط	إ	ل	ك
م	غ	غ	ذ	ر	ت	ر	ا	ي	ف	ر	ح	ل	ا
ذ	ا	ا	آ	ت	ث	ج	ل	و	ر	ث	آ	أ	و
ا	ي	ع	ل	ة	ف	ص	و	ض	ت	ة	ه	ك	ن
ق	ى	و	ة	س	ع	ل	ا	د	غ	ى	ط	س	ب
ط	غ	ع	ؤ	ة	ك	ش	ن	إ	ة	ص	ض	د	ئ
ا	ل	ع	ن	ص	ر	ر	ت	ل	ب	ا	غ	ة	د
ق	ز	ت	ئ	ط	آ	آ	ل	ج	خ	ص	ش	ص	ل
ط	ح	ط	ق	ن	ك	ر	ا	م	ي	ل	ض	ف	م
ج	و	ز	ا	ل	ه	ن	د	ذ	ى	ف	ب	ن	ن

حلو
غريب
مفضل
المذاق
العنصر
مسحوق
جودة
وصفة
نكهة

السكر
مر
مضاد للأكسدة
الحرفي
الكاكاو
كراميل
جوز الهند
لتناول الطعام
لذيذ

74 - Governo

ك	ر	ش	س	ن	ف	ز	ز	س	ي	ا	س	ة	ا
ا	ئ	غ	م	ف	ص	ق	ع	ي	ن	ط	و	د	ل
م	ث	ب	ت	ب	ف	إ	ي	ذ	د	ع	ض	ي	م
ص	ق	ض	ب	ا	ط	خ	م	ن	م	د	ذ	م	س
ؤ	ز	ا	ص	ؤ	خ	ر	ظ	ي	ئ	ا	ض	ق	ا
آ	ؤ	ة	ن	ط	ا	و	م	ل	ا	ل	ف	ر	و
م	ش	م	ذ	و	ص	ت	ر	م	ز	ة	ر	ا	ا
ة	ن	أ	ى	ؤ	ن	س	ن	غ	و	م	ل	ط	ة
د	ي	ط	غ	خ	ى	د	آ	ض	خ	ئ	ا	ي	ل
ئ	س	ب	ق	ة	ن	س	ص	ؤ	آ	ن	ل	ة	ا
ك	ل	ح	و	ة	ت	خ	ا	ت	ئ	ى	ق	ل	ح
ط	ذ	ي	ذ	ة	ك	ع	ط	ط	ؤ	ي	ت	ا	ن
ذ	ا	ك	ع	خ	ث	ر	ط	ع	ن	ش	س	خ	ش
ح	ر	ي	ة	ح	ظ	ث	ا	ك	ا	ض	ا	م	ظ

المواطنة
مدني
دستور
ديمقراطية
خطاب
نقاش
منطقة
حالة
المساواة
استقلال

قضائي
عدالة
قانون
حرية
زعيم
نصب
وطني
أمة
سياسة
رمز

75 - Jardinagem

ب	ب	ا	ذ	ث	د	ا	م	س	أ	ا	ت	ص	ذ
ذ	ك	ك	ف	ق	ب	ل	ر	ط	و	ل	خ	ف	و
و	ن	ة	ة	ظ	س	ت	ر	ص	ر	أ	م	إ	ظ
ر	ت	ر	ب	ة	ت	ر	ه	ز	ا	ز	ا	د	إ
خ	ر	ط	و	م	ا	ا	ر	ع	ق	ه	ء	ك	ص
م	ق	ؤ	ط	ت	ن	ب	ظ	ح	ا	ا	و	ج	ة
ع	ن	ء	ر	ص	د	ظ	ئ	ج	ل	ر	س	آ	ظ
ع	ر	ا	و	ر	ق	ة	ر	ص	ش	ع	ئ	ذ	ع
ح	ا	ع	خ	خ	ب	و	ي	ل	ج	ظ	ذ	ض	ز
ن	م	و	س	م	ي	ا	ت	د	ر	ز	س	ذ	س
ع	ب	ش	ن	د	ر	ا	ه	ز	أ	ة	ق	ا	ب
خ	ق	ا	س	أ	غ	غ	ي	ر	س	ش	ى	ي	ط
ظ	و	ن	ت	ع	ل	ك	أ	ل	ل	ح	ل	ا	ص
ع	ي	ن	ك	ي	ل	ا	و	غ	ة	و	غ	ع	ش

ماء
نباتي
باقة أزهار
مناخ
صالح للأكل
سماد
الأنواع
غريب
زهر
الأزهار

ورقة
أوراق الشجر
خرطوم
بستان
وعاء
موسمي
بذور
تربة
التراب
رطوبة

76 - Profissões #2

ذ	ط	ع	ع	ر	ا	ز	م	و	غ	ى	ئ	ش	خ
ب	ب	ث	ح	ا	ب	ث	ى	و	ف	ظ	ش	ع	ي
ل	س	ل	و	ئ	ص	ح	ف	ي	د	ا	آ	خ	ب
ح	ة	ر	ب	د	ر	ك	ش	ز	ط	آ	س	ر	آ
م	د	ر	س	ف	خ	غ	ب	آ	ب	ل	غ	و	ي
ب	ع	س	ج	ض	غ	ض	ك	ي	ي	ؤ	ى	ص	ي
غ	س	غ	إ	ا	ش	ص	ص	ا	ب	ع	ئ	م	ث
خ	ف	ت	ج	ء	م	ح	ق	ق	أ	ط	ك	ل	ي
م	ي	ن	ا	د	د	ا	ة	ن	س	آ	ي	ا	ع
ه	ل	ة	ش	ن	ة	ر	ع	ئ	ن	ت	ئ	ا	ع
ن	س	ق	ط	ة	ي	ج	ذ	ح	ا	ص	ج	إ	ر
د	و	د	د	ب	ث	ض	آ	ي	ن	ا	ه	د	ت
س	ف	ل	ك	أ	ح	ي	ا	ئ	ي	م	ش	ل	خ
أ	م	ي	ن	ا	ل	م	ك	ت	ب	ة	ج	ي	م

مزارع
رائد فضاء
أمين المكتبة
أحيائي
جراح
طبيب أسنان
مهندس
فيلسوف
المصور
مخترع
باحث
محقق
بستاني
صحفي
لغوي
طبيب
طيار
دهان
مدرس

77 - Café

ز	إ	ر	ث	ة	ن	ك	خ	ق	ف	ل	إ	ة	ئ
ك	ر	ق	ئ	ب	ي	ع	ب	ؤ	ج	ظ	ئ	ك	إ
ر	خ	ظ	إ	ب	ا	غ	ث	ة	ط	خ	ا	ل	غ
ث	ذ	آ	ى	م	ث	ش	م	ش	ة	ل	د	ؤ	ق
غ	ك	غ	س	ش	ث	و	ب	ش	ض	ب	ح	ص	ي
ة	ؤ	آ	ا	و	م	و	و	خ	ص	ز	ص	ف	ز
د	و	ف	ئ	ي	ر	ل	ك	ؤ	ق	ت	ر	خ	م
م	و	ؤ	ل	ش	ك	ل	ف	ي	ط	ة	ه	ك	ن
ك	ض	د	م	ح	س	ا	ل	ى	ئ	ع	و	ن	ح
ك	ة	و	ل	ا	ل	ش	ت	ذ	م	ف	ج	ك	ط
ر	ت	س	ل	ب	ا	ت	ر	ا	ن	ب	غ	ب	آ
ي	ي	أ	ش	ص	ن	ب	ء	ن	ي	ي	ف	ا	ك
م	ص	س	آ	د	ص	م	خ	م	ح	ل	ج	ا	خ
ل	ح	ا	ص	غ	ط	آ	ظ	ث	خ	ح	ج	ش	ذ

السكر
مر
مشوي
ماء
مشروب
كافيين
كوب
كريم
فلتر

حليب
سائل
صباح
طحن
الأصل
ثمن
أسود
نكهة
نوع

78 - Negócios

ظ	ئ	م	ص	ا	ة	ب	و	ل	م	ط	ف	س	ت
م	ص	خ	ع	ل	غ	ي	م	ك	ص	ث	ك	ل	م
ا	ه	ة	ت	ت	و	ع	ا	ط	ن	ظ	ئ	ر	ت
س	و	ن	ئ	ك	ى	ق	ض	ل	ع	ص	ز	خ	ج
ت	خ	ؤ	ة	ل	م	ع	ب	م	ض	ت	ن	ذ	ر
ث	م	ف	ي	ف	ظ	و	م	ع	ج	ر	د	ف	ط
م	آ	ص	ن	ة	ع	ؤ	م	ل	س	ق	ا	ع	س
ا	ؤ	ض	ا	إ	غ	ؤ	ض	ا	د	ا	ص	ئ	ى
ر	إ	ح	ز	غ	ص	ش	ظ	ب	ل	ر	ت	ا	ب
س	ص	آ	ي	ج	س	ك	ق	ح	ب	ر	ق	ض	ت
ث	إ	ؤ	م	ؤ	ذ	آ	ا	ا	إ	د	ا	ب	ك
ن	ح	و	ر	ز	س	ى	ج	ص	و	آ	ل	ؤ	م
ل	آ	ش	ر	ك	ة	ي	ل	ا	م	ل	ا	ن	ث
ش	ا	ا	ل	إ	ي	ر	ا	د	ا	ت	ش	ا	ر

مهنة
التكلفة
خصم
مال
الاقتصاد
موظف
صاحب العمل
شركة
مكتب
مصنع

المالية
الضرائب
استثمار
متجر
ربح
بضائع
عملة
ميزانية
الإيرادات
بيع

79 - Fazenda #2

ش	ص	ن	ق	د	ا	ا	ل	ر	ي	ف	م	ز	و
ب	ر	ا	ن	ع	ل	ط	ط	ا	ش	ا	ك	ز	ب
ث	ج	ض	ئ	ل	ح	م	ق	ر	ي	ع	ش	د	ف
ا	و	ج	ب	ا	ي	ح	ى	ج	ث	ث	ن	ى	ي
ظ	ت	م	ب	خ	و	م	ظ	ط	خ	ب	ؤ	ة	س
ت	ا	ة	ه	ك	ا	ف	ة	ي	ج	ل	ر	ر	د
س	و	ئ	ل	ظ	ن	ت	غ	ظ	ر	ف	ط	ذ	آ
ي	ر	ي	ع	و	ا	ب	ة	ك	م	ة	ط	ب	ي
ع	ض	ط	ظ	ت	ت	ب	س	ت	ا	ن	ث	و	ر
ح	خ	ش	د	ا	ل	ر	ا	ع	ي	غ	ط	ب	آ
ؤ	ل	ح	و	ئ	ف	ت	ع	ز	إ	ج	ل	ح	ط
ظ	ا	ي	ذ	ف	آ	ن	ك	م	ز	ا	ر	ع	س
ن	ي	آ	ب	آ	ا	م	س	ل	ف	و	ر	خ	و
ر	ض	و	ى	ؤ	ح	ف	ب	ع	د	ف	أ	ك	ن

مزارع
الحيوانات
حظيرة
شعير
فاكهة
أوز
الري
حليب
لهب
ناضج
حبوب ذرة
خروف
الراعي
بطة
بستان
مرج
جرار
قمح
الخضروات

80 - Jardim

ح	ز	ا	ث	ذ	ن	ا	ف	ا	ط	غ	ط	ث	ف
ص	ه	ؤ	ض	غ	ع	ظ	ذ	ص	ض	ز	ذ	ت	ا
ئ	ر	أ	ر	ج	و	ح	ة	ب	ط	ص	م	ل	ع
ق	ة	ك	ي	ف	ب	ص	م	خ	ظ	ح	ت	ج	ص
ي	ف	ض	د	ك	غ	ج	ر	م	ج	ر	ف	ة	ت
ب	ا	ش	ع	أ	ل	ا	ك	ب	ا	ط	ز	ر	ر
ن	خ	ق	ق	ع	ع	ل	و	م	م	ت	ب	ا	و
ف	خ	ى	م	ب	ش	ش	ب	ش	س	ة	و	ن	ا
ب	ر	ض	و	ح	ب	و	ث	ل	ي	ع	ز	ل	ق
ر	ط	ا	ج	د	ل	ئ	ب	ث	ا	ئ	و	ا	و
ك	و	ح	د	ي	ق	ة	ك	و	ج	ق	ج	ل	ر
ة	م	ت	ن	ك	ق	ر	ن	ا	ت	س	ب	ع	ل
م	ي	ج	ك	ر	ا	ج	ك	ذ	خ	ئ	آ	ش	ت
ج	ر	ق	د	ة	ح	ش	ة	س	غ	ح	خ	أ	خ

بركة
أرجوحة
خرطوم
مجرفة
بستان
تربة
مصطبة
الترامبولين
رواق
كرمة

أشعل النار
بوش
شجرة
مقعد
سياج
الأعشاب
زهرة
كراج
عشب
حديقة

81 - Oceano

ث	ظ	ن	ص	س	ا	أ	ق	ر	ش	ز	ؤ	ظ	ا
م	ح	ا	ر	م	ل	ع	خ	ص	ع	ف	ح	ض	ل
ع	ب	ب	غ	ك	ط	ا	ا	ط	ب	ع	ا	ط	م
ح	ص	ع	آ	و	ح	ص	ل	د	ب	ر	ا	ق	ر
ا	ى	ث	ئ	ج	ا	ف	م	ق	أ	و	ح	ن	ج
ج	م	ب	ر	ي	ل	ة	د	خ	م	ذ	ط	ئ	ا
ت	و	ز	غ	ص	ب	ا	و	غ	و	آ	ش	ى	ن
م	ق	ج	ح	ض	ن	ف	ا	آ	ا	ة	ي	ت	ض
ع	ل	ك	ب	ج	ي	ح	ل	ص	ج	ن	ف	س	إ
ر	ف	ح	ش	خ	ش	ل	ج	ي	ز	و	خ	ا	ث
ص	ن	ح	ظ	و	ص	س	ز	ر	ر	ت	و	ح	آ
م	ئ	ج	ط	ئ	ذ	م	ر	ي	خ	ة	م	خ	ق
د	ؤ	ل	ت	س	ر	ط	ا	ن	ي	ف	ل	و	د
ق	ن	د	ي	ل	ا	ل	ب	ح	ر	ة	ؤ	ن	ذ

الطحالب
تونة
حوت
قارب
جمبري
سرطان
المرجان
ثعبان
إسفنج
دولفين

المد والجزر
قنديل البحر
أمواج
محار
سمك
أخطبوط
ملح
سلحفاة
عاصفة
قرش

82 - Profissões #1

خ	ط	ى	ش	س	ؤ	ج	م	ص	ظ	ذ	خ	غ	ض
ي	ب	ؤ	ض	ؤ	ب	ي	ح	ك	ا	ب	س	ص	ف
ا	ي	ذ	و	ئ	ض	و	ر	ط	ر	ئ	ت	ي	ح
ط	ب	آ	ن	ظ	س	ل	ر	ء	س	ب	غ	ا	ظ
ى	ب	ي	ا	غ	إ	و	ع	ا	ا	م	ة	د	آ
ض	ي	ش	ي	ش	ل	ج	س	ف	م	خ	م	خ	ل
ف	ط	ؤ	ب	ؤ	ق	ي	ف	ط	خ	ل	ض	ر	ق
خ	ر	ل	ل	ك	ة	ص	ق	ا	ر	ئ	ا	م	ض
ز	ي	ص	ا	د	س	ف	ن	ل	ا	م	ل	ع	م
م	ص	ر	ف	ي	ط	ك	ا	ا	ئ	س	إ	ظ	ح
إ	ع	س	ز	ئ	ل	ي	ن	ل	ط	ف	ظ	إ	ا
ك	م	د	ا	م	غ	إ	ف	ا	ؤ	ي	ش	خ	م
ا	ط	ل	ع	ب	ح	ا	ر	ج	ش	ر	ع	ن	ي
ح	ق	ؤ	ر	ج	ق	ع	آ	ر	ف	ل	ك	ي	ذ

محامي
خياط
فنان
فلكي
مصرفي
رجال الاطفاء
صياد
رسام خرائط
عالم
راقصة

محرر
سفير
سباك
ممرض
جيولوجي
صائغ
بحار
عازف البيانو
علم النفس
طبيب بيطري

83 - Força e Gravidade

م	ق	ث	و	ف	ص	ئ	ا	ص	خ	ب	ض	ب	ت
ي	م	آ	س	ذ	ت	آ	ظ	ل	ش	و	غ	ر	و
ك	ا	ل	و	ق	ت	أ	ش	آ	م	ن	ط	ء	س
ا	ئ	ع	ج	م	ت	ا	ث	ة	ع	ر	س	ا	ع
ن	م	ي	ى	ت	ا	ح	ى	ي	ض	و	ك	ي	ص
ي	و	ز	ن	ح	ك	ت	س	س	ر	ح	ل	ز	م
ك	د	م	ض	ر	ت	ك	ؤ	ي	ل	م	ف	ي	ح
ا	د	ظ	ع	ك	ش	ا	ت	ط	ز	ذ	ح	ف	ع
ا	ن	إ	ح	ت	ا	ك	إ	ا	ع	ؤ	خ	ل	ك
ي	م	ف	ر	ج	ف	ح	ق	ن	ث	ذ	ث	ا	ط
ن	س	ز	إ	ت	م	ع	غ	غ	ع	ا	ل	م	ي
ا	ل	ك	و	ا	ك	ب	إ	م	ت	ق	ب	ل	إ
ؤ	غ	ط	آ	ا	ج	س	آ	ل	ق	ل	غ	غ	ب
ن	ى	ت	د	ج	ح	ق	غ	ا	ل	ا	ؤ	ط	ذ

احتكاك
المركز
اكتشاف
متحرك
بون
محور
توسع
الفيزياء
تأثير
المغناطيسية

حجم
ميكانيكا
فلك
وزن
الكواكب
ضغط
خصائص
سرعة
الوقت
عالمي

84 - Abelhas

ض	ن	ا	خ	د	ي	ص	ى	ى	ط	ا	ض	ا	ظ
ة	ك	ل	م	ن	م	و	ة	ش	ص	ع	ئ	ز	ض
ح	ل	ن	ئ	م	ح	إ	س	ن	ظ	س	ف	س	د
ن	ن	ظ	ق	و	ف	ا	ك	ه	ة	ل	ش	ث	ط
ج	ب	ا	ب	ث	م	ط	ر	ا	ي	ذ	ت	غ	ض
أ	ا	م	ض	ع	ض	ل	ى	ح	ل	م	ف	ي	د
ل	ت	ا	م	ل	ى	غ	ا	د	خ	ز	غ	ر	ذ
ق	ا	ل	ش	م	ي	ى	س	ي	ف	آ	ه	ى	ا
ا	ت	ب	م	ؤ	ب	س	ق	ق	ح	غ	ث	و	ي
ح	ت	ي	س	ش	ذ	إ	ر	ة	ش	ش	آ	ط	ر
خ	ش	ئ	د	ر	ؤ	ش	ه	ب	ر	ك	ذ	ب	ل
ؤ	م	ي	ذ	ن	ف	ب	ز	ظ	ة	ة	ح	ؤ	ص
ؤ	ع	ش	ظ	ف	ت	ن	و	ع	د	ض	ن	ذ	ط
ف	ي	ذ	ة	ق	غ	ش	ئ	ة	ج	ز	ص	م	س

أجنحة
مفيد
شمع
خلية
تنوع
النظام البيئي
سرب
زهر
الزهور
فاكهة

دخان
الموئل
حشرة
حديقة
عسل
نباتات
لقاح
ملكة
شمس

85 - Ciência

ص	ف	ي	ت	ا	ن	ا	ي	ب	ل	ا	ر	ن	ت
ب	ص	ة	إ	ي	ى	ذ	ر	ة	ة	ة	ك	ب	د
ل	إ	ت	ج	ر	ب	ة	ق	ي	ق	ح	آ	ا	ب
ة	ع	ي	ب	ط	ي	ي	ر	ض	ي	غ	م	ت	ئ
ب	ا	ي	ؤ	ر	د	ب	س	ر	ر	آ	م	ا	ك
ق	ل	ف	ف	ب	س	ذ	آ	ف	ط	ر	ء	ت	ج
ا	ج	ح	ل	ت	ى	ا	ة	د	ئ	خ	ا	ز	ف
ر	س	ى	ر	خ	ط	ج	ع	ك	ر	ز	ي	ط	ز
م	ي	ا	ل	م	ع	ا	د	ن	س	ئ	ز	ا	و
ل	م	إ	ل	ى	ل	ض	ئ	ب	ا	ح	ي	ؤ	ص
ا	ا	ت	ح	م	ق	ت	ز	ت	ب	ق	ف	ئ	ى
غ	ت	ت	ت	ع	آ	ط	ص	ح	ل	د	ل	ث	ق
ظ	ق	غ	آ	ج	س	و	ض	ت	ت	س	ا	ط	ض
ط	ط	و	غ	ك	ل	ر	ش	ل	س	خ	ا	ن	م

ذرة
عالم
مناخ
البيانات
تطور
تجربة
حقيقة
الفيزياء
حفرية
جاذبية

فرضية
مختبر
طريقة
المعادن
جزيئات
طبيعة
المراقبة
الجسيمات
نباتات

86 - Comida #1

ا	ح	ص	إ	د	ش	ك	ح	ع	ا	غ	ث	د	ق
ة	ل	و	ا	ر	ف	ع	ت	ث	ئ	س	و	ا	ث
ف	م	ض	ا	ي	ر	ك	ي	ك	ر	و	و	ق	ص
ر	ش	ا	م	ص	ض	ا	م	ر	ح	ب	ي	ل	ح
ق	م	ك	ة	ع	م	ث	ث	ز	ى	ص	ي	غ	ن
ل	ش	غ	ي	ى	م	ق	إ	ؤ	ش	ل	و	خ	د
ج	ش	ز	ث	ؤ	ت	ظ	س	س	ض	ؤ	ئ	م	ش
ة	ي	س	و	و	ؤ	ؤ	ب	ض	و	ق	ر	ا	ى
ص	خ	ق	م	و	م	ف	ا	ا	ش	ت	و	ن	ة
ب	ي	خ	ا	إ	خ	ع	ن	ن	ت	ا	ج	و	ط
ث	ا	ي	ع	ء	ص	خ	خ	ر	ن	ظ	ف	م	ل
ى	ر	م	ؤ	س	ا	ش	ل	ى	ج	ف	ر	ي	س
ل	ف	ت	ج	ا	ل	س	ك	ر	ز	غ	ث	ل	ع
ئ	غ	و	ظ	ك	ن	ا	ح	ي	ر	ف	ل	ا	ذ

السكر
ثوم
تونة
كيك
قرفة
بصل
جزر
شعير
مشمش
سبانخ

حليب
ليمون
ريحان
فراولة
لفت
خيار
ملح
سلطة
حساء
عصير

87 - Geometria

ا	ة	س	ج	م	ث	ي	ى	ظ	س	غ	ص	م	ض
ط	ل	ب	ش	ث	ق	ط	ن	م	ح	ط	س	ع	ث
ت	ت	ب	خ	ل	ط	ي	ح	ت	م	ت	ح	ا	ف
ح	ك	أ	ع	ث	ر	س	ن	م	ة	ن	ج	د	إ
ؤ	ى	ف	ا	د	ش	و	م	ذ	ش	ا	ت	ل	ط
ة	ش	ق	ف	ض	س	ل	إ	ش	ئ	ظ	ص	ة	ت
ت	ف	ي	ت	ؤ	ش	ا	ى	ن	ق	ر	ق	ي	ج
ص	ل	ف	ر	ث	ش	ك	م	ة	ض	ى	ظ	ر	ق
ي	إ	ة	ا	غ	ؤ	ى	و	ب	د	ق	ل	ظ	ة
د	ا	ئ	ر	ة	ق	ب	ا	س	ح	ح	م	ن	ت
و	ر	ذ	خ	م	آ	ط	ز	ن	ث	غ	آ	ذ	ع
م	و	ا	ب	ؤ	ؤ	ذ	ع	ى	ل	و	إ	ت	ح
ع	س	س	ص	د	ث	ب	ب	ة	ي	و	ا	ز	غ
ذ	ا	س	ل	إ	س	غ	ث	ب	ش	ل	آ	ة	ر

ارتفاع	كتلة
زاوية	الوسيط
حساب	مواز
دائرة	نسبة
منحنى	قطعة
قطر	تناظر
البعد	سطح
معادلة	نظرية
أفقي	مثلث
منطق	عمودي

88 - Pássaros

ج	ص	ز	ف	ب	ب	غ	ا	ء	ب	آ	ى	ي	م
ج	آ	ض	ق	إ	ص	د	ل	ر	ي	ئ	ط	غ	ي
ت	إ	ح	م	ا	م	ة	ط	ؤ	ض	ب	ح	ز	ن
غ	س	م	ط	ل	ا	س	ا	ك	ة	ط	م	و	و
ف	ب	ي	غ	ب	ح	ق	و	ا	د	ة	ر	إ	غ
ف	د	ج	ا	ج	ن	ق	و	ل	د	س	ظ	ر	و
ظ	ى	ق	ع	ع	ل	ت	س	ل	غ	ن	ا	ج	ث
ث	ف	ا	ل	ب	ط	ر	ي	ق	ق	ب	ز	ش	ن
ق	ا	و	ق	و	ل	ا	ة	ل	آ	ئ	ش	س	ف
ؤ	ى	ه	ر	و	ف	ص	ع	ق	ف	ق	ر	خ	ى
ي	ت	ي	ل	ز	ة	ع	ج	ب	ة	م	ا	ع	ن
ع	و	ر	ص	ا	س	آ	م	ا	ن	ا	ق	و	ط
ب	ى	و	ذ	ظ	ز	ت	ق	ؤ	ك	ؤ	ع	خ	ر
ذ	ف	ن	م	ش	ح	ج	ج	ف	و	ل	ؤ	ك	خ

هيرون
بيضة
ببغاء
عصفور
بطة
الطاووس
البجع
البطريق
حمامة
طوقان

نعامة
نسر
اللقلق
بجعة
غراب
الوقواق
نحام
دجاج
نورس
إوز

89 - Literatura

ض	ة	ث	ت	ئ	ش	ر	م	ؤ	ل	ف	ت	ج	م
ج	ا	ت	ن	ت	س	ا	و	ي	ض	م	ح	ل	ى
غ	س	ا	ز	إ	ذ	ظ	ع	ا	م	ة	ل	ق	ؤ
و	أ	ت	ة	ي	ف	ا	ق	ر	ي	ث	ي	ص	آ
ب	م	ف	ي	ن	ر	أ	ي	ا	ي	ة	ل	ح	إ
و	م	ح	ا	ط	ر	ع	ق	ص	ي	د	ة	خ	ق
إ	إ	ص	ك	ل	ا	ا	ل	ق	ي	ا	س	خ	ظ
د	ك	ط	ح	ؤ	و	ق	ق	ط	آ	ذ	ا	ي	ا
ر	ت	ز	و	ض	ح	ي	م	م	ي	ج	ف	ا	س
ل	ئ	ة	ظ	ؤ	ظ	إ	ع	ن	ر	ح	د	ل	ت
ج	خ	ذ	ر	آ	ف	ص	و	ف	خ	ط	ظ	خ	ع
ة	ئ	و	ن	ث	م	غ	ض	م	غ	ى	ر	ط	ا
ظ	د	ت	ا	ل	ر	ا	و	ي	ة	ي	ؤ	ق	ر
ط	ب	ت	ئ	ل	م	ب	م	ل	ن	ي	آ	د	ة

القياس
تحليل
حكاية
مؤلف
مقارنة
استنتاج
وصف
حوار
نمط
خيال

استعارة
الراوي
رأي
قصيدة
شاعري
قافية
إيقاع
رواية
موضوع
مأساة

90 - Química

ع	ن	ا	ص	ر	ق	ه	ل	ة	غ	ب	ك	ر	م
ث	ز	ى	م	ت	ل	آ	ي	ة	ر	ا	ر	ح	ف
غ	و	ع	ص	ج	و	إ	ض	د	ك	ك	ب	ن	ش
آ	م	ح	ف	ز	ي	ج	ع	ط	ر	د	و	ن	و
ز	ر	ح	إ	ا	و	ح	ث	ي	و	و	ن	ن	س
س	غ	ح	ل	غ	ض	م	ح	ن	ع	ب	ج	ن	ث
م	ش	ن	ك	خ	ع	ي	ط	ح	ق	و	ث	ي	آ
ض	ل	غ	ت	ص	ي	ز	ي	ئ	ك	ل	و	ر	ن
ك	ئ	ح	ر	م	ؤ	ن	ل	ى	ئ	ب	آ	ض	و
ع	ا	آ	و	م	ز	ا	ي	س	ك	آ	ق	ن	ي
ط	س	و	ن	ك	إ	ح	و	ج	ز	ة	ع	ق	أ
د	ت	ب	ف	ل	إ	ث	ذ	ذ	س	ف	ش	ا	د
ا	ف	ع	ق	ي	ر	ل	ص	إ	ف	ك	ق	ا	ع
د	ر	ج	ة	ا	ل	ح	ر	ا	ر	ة	أ	م	ب

قلوي
حمض
حرارة
كربون
محفز
كلور
عناصر
إلكترون
انزيم
غاز

هيدروجين
أيون
سائل
مركب
نووي
عضوي
أكسجين
وزن
ملح
درجة الحرارة

91 - Clima

د	خ	ي	ز	ه	د	س	ل	ذ	آ	ج	ج	ل	ذ
ق	ع	ئ	ى	د	خ	ا	آ	س	د	ح	ل	د	ب
س	م	ا	ء	و	ن	س	ي	م	ح	إ	ا	ي	د
ت	ر	و	ث	ء	إ	ع	ص	ا	ر	ش	ع	و	د
ق	ي	ت	ص	ج	ؤ	ش	ر	ع	ا	ض	و	ج	ي
م	ح	س	ث	ا	ش	غ	ر	ؤ	ي	ص	ة	ل	د
ي	ن	ا	ا	ف	غ	ذ	ق	ظ	ة	ف	ص	ا	ع
ة	ض	ا	ؤ	ح	ق	ن	خ	آ	إ	ا	ت	ف	ر
ظ	ل	ة	خ	ك	ة	ب	ى	ط	ض	ف	ف	ا	ل
ر	س	ح	ا	ب	ة	ك	ص	ظ	آ	ج	ت	ل	ا
ض	ط	ش	س	ة	ى	ض	و	ش	ظ	ق	س	غ	ئ
ئ	ي	ب	ط	ق	ر	ب	د	ة	ن	ض	ت	ل	ك
د	ر	ج	ة	ا	ل	ح	ر	ا	ر	ة	د	ا	د
ق	و	س	ق	ز	ح	ب	ظ	ا	ل	ض	ب	ا	ب

قوس قزح
الغلاف الجوي
نسيم
هدوء
سماء
مناخ
جليد
الضباب
سحابة
قطبي

برق
جفاف
جاف
درجة الحرارة
عاصفة
إعصار
استوائي
الرعد
رطب
ريح

92 - Tecnologia

ئ	س	ق	ق	د	ا	ر	ا	ج	خ	غ	ة	ى	إ
ع	ؤ	ر	ف	ك	ص	س	ج	ط	ث	ط	ج	د	ا
ش	س	ش	ز	ئ	ت	ا	ي	ج	م	ر	ب	ت	ل
س	د	س	ض	ض	ي	ل	ا	ق	ؤ	ؤ	ت	ن	ح
ة	ن	و	د	م	ا	ة	ا	ل	م	ؤ	ش	ر	ا
ش	م	ر	ي	ض	ب	م	ل	ف	ل	ط	ل	ت	س
ا	أ	ي	ي	ر	ق	م	ي	ظ	ة	آ	ث	ن	و
ش	ل	ف	ر	ي	ف	ى	ى	إ	ي	ى	ئ	إ	ب
ؤ	ش	إ	ث	ن	ر	ظ	ص	ؤ	ض	ح	م	ي	ذ
ت	ض	ت	ح	ف	ص	ت	م	ل	ا	ن	ب	ت	ل
ع	ر	ى	ب	ص	ك	ا	م	ي	ر	ا	س	س	ع
ا	غ	غ	ش	ص	ا	ك	س	إ	ت	ظ	ل	ب	ذ
ذ	ئ	ل	ص	س	ذ	ء	ط	ن	ف	ط	ؤ	آ	م
ا	ل	ب	ي	ا	ن	ا	ت	ي	ا	ج	ث	غ	ر

ملف
مدونة
بايت
كاميرا
الحاسوب
المؤشر
البيانات
رقمي
الإحصاء
خط

إنترنت
رسالة
المتصفح
بحث
أمن
برمجيات
شاشة
افتراضية
فيروس

93 - Arte

ش	ع	ر	ي	و	ص	ت	ب	ذ	ك	ر	ا	ا	ا
ا	ذ	ظ	ر	ت	ظ	س	ئ	س	د	ص	ل	د	س
ا	ل	س	ر	ي	ا	ل	ي	ة	ي	ظ	ن	ي	ي
ب	ن	ث	ب	ص	ى	ن	خ	ض	ي	ط	ح	م	ر
ص	ع	ص	ص	خ	أ	ف	ع	ظ	غ	ف	ت	ز	ا
م	ا	ز	ر	ش	ص	ظ	ب	ص	ب	ذ	ظ	ا	م
م	ل	د	ي	إ	ل	ف	ج	م	إ	ل	ض	ج	ي
ر	و	ي	ق	ى	ي	ك	خ	ع	ت	ت	ي	ف	ك
ك	ح	ذ	ك	م	م	ظ	ش	ك	ح	ك	ة	ؤ	م
ب	ا	م	م	س	ر	م	ك	ل	ع	و	ض	و	م
ض	ت	د	ر	ي	ب	ع	ت	ل	ا	ي	ة	ث	ط
إ	غ	ف	آ	إ	م	ض	غ	م	ف	ن	ق	ح	ك
ا	إ	د	ر	ر	ا	ي	ج	ز	ع	ف	د	د	ى
ج	ؤ	و	و	ط	ر	م	ز	غ	آ	ل	ا	ر	ا

سيراميك
مركب
تكوين
النحت
التعبير
الشكل
صادق
مزاج
ربما
أصلي

شخصي
لوحات
شعر
تصوير
بسيط
رمز
موضوع
السريالية
بصري

94 - Diplomacia

ق س ث ا ت ا غ ل ل ا ت د ك غ
ف م ع ل ح ج آ ج ح غ ع ز ر ظ
ج أ م ن ت د ب ل و م ا س ي ع
ج ة و ز ر ة م و ك ح و ي د س
أ خ ل ا ق ل ش ا ق ن ن ا إ ي
ظ و خ ه ة م ز ك غ ا ل إ ا ا
و ز د ة آ ج غ ؤ س ة ب ل ض س
ة ر ا ف س ل ا ن ث ط ق د ر ة
د ي د ع ح ذ إ ض ظ ر ش ل ع ئ
ه ف ة ض ع ا ز ن ا ؤ ظ ع ؤ ا
ا س م س ت ش ا ر ت ا ث ن ا ئ
ع ح ك ظ ك ن و ن ط ا و م ل ا
م ل ئ م ي ط ي ا ة خ ز ج ص غ
ا ر ة ش ر و ش ت ض ئ ت ل ك ض

حكومة
إنساني
النزاهة
عدالة
اللغات
سياسة
القرار
أمن
حل
معاهدة

المواطنون
ملة
نزاع
مستشار
تعاون
دبلوماسي
نقاش
السفارة
سفير
أخلاق

95 - Comida # 2

ف	ي	ض	ب	ا	ذ	ن	ج	ا	ن	ذ	و	ش	د
ل	ح	م	ا	ل	خ	ن	ز	ي	ر	ة	ل	ط	ج
ق	ى	خ	ق	ت	ظ	ن	ط	ث	غ	ق	ع	ش	ا
ا	ح	ظ	ن	ق	م	ح	ذ	ت	أ	ظ	ن	ذ	ج
ط	د	ع	ة	ص	ت	ب	غ	خ	ى	ر	ب	ج	ز
ص	ش	ب	ش	ؤ	ي	إ	ت	ة	ك	غ	ز	ى	ش
ج	ى	م	ث	آ	ئ	د	ظ	ظ	ئ	م	ك	ى	آ
ص	خ	ش	و	ك	و	ل	ا	ت	ة	و	ك	ى	ن
ف	ر	ل	آ	م	ض	آ	خ	ب	ة	ز	ن	ذ	ض
ي	ش	ض	ن	س	ف	ز	ص	م	ز	ج	ب	ن	د
س	و	ظ	د	ظ	ئ	ئ	ق	ط	ا	ؤ	ك	ظ	ك
ش	ف	ز	و	ة	ز	إ	ت	ا	ل	ي	ج	ت	ي
ا	ع	ر	و	ت	ف	ا	ح	م	ب	ي	ض	ة	و
ب	ر	و	ك	ل	ي	ي	ف	ط	ر	ك	ر	ز	ي

خرشوف
لوز
أرز
موز
باذنجان
بروكلي
كرز
شوكولاتة
فطر
دجاج

زبادي
كيوي
تفاح
بيضة
سمك
لحم الخنزير
جبن
طماطم
قمح
عنب

96 - Universo

ل	ا	ز	و	إ	ث	ف	ل	ك	ي	ئ	ن	ج	ح
د	ل	ظ	م	م	د	ط	و	ط	ة	م	ب	غ	ؤ
آ	ك	س	م	ا	ء	ن	ط	ع	ش	ة	ب	ئ	ك
س	و	و	ط	ل	ي	إ	ل	ش	ي	و	ا	م	س
إ	ي	آ	ظ	ة	ذ	ى	ا	م	ئ	ز	ل	ق	ذ
ا	ك	ز	ف	ف	و	ل	ط	س	ر	ي	ق	د	ي
ص	ب	و	ف	ل	و	ص	خ	ي	م	ك	ن	إ	ك
ص	ا	غ	ج	ك	ق	ع	ض	ر	ع	ل	ا	ط	خ
ب	ر	ك	م	و	ف	ظ	ؤ	ص	ظ	ف	ل	و	ج
ت	ق	م	ر	ض	أ	م	ح	ل	ز	ل	ا	ن	ث
ص	م	س	ب	ؤ	ح	ا	ا	م	ز	ا	ص	ش	ع
ف	خ	ل	ل	ل	ج	م	ى	ت	ي	م	ن	غ	ن
ع	ر	د	ا	ل	غ	ل	ا	ف	ا	ل	ج	و	ي
ء	ا	و	ت	س	ا	ل	ا	ط	خ	ع	ث	ئ	غ

خط العرض
خط الطول
قمر
فلك
شمسي
الانقلاب
مقراب
ظلام
مرئي
البروج

الكويكب
علم الفلك
فلكي
الغلاف الجوي
سماوي
سماء
كوني
خط الاستواء
أفق
إمالة

97 - Jazz

ف	ط	ظ	ى	ل	ا	ج	ت	ر	ا	ل	ا	د	ت
ب	ر	ى	ذ	ظ	ط	ي	ط	ش	أ	غ	ن	ي	ة
ع	ا	ق	ي	إ	ب	ه	ا	و	م	ل	ا	د	ر
ئ	ر	ي	م	ح	ث	م	و	ب	ل	أ	ن	ج	ا
ؤ	ت	س	ل	ف	ر	ظ	ص	ض	ل	م	ق	ل	ا
د	س	و	ح	ل	ج	ح	ت	ع	ط	د	م	ا	ث
ذ	ك	م	ن	ة	م	ت	ظ	ز	ي	ف	ى	ج	ص
ظ	ر	ت	ا	م	م	ق	ذ	م	ض	ض	ك	ى	و
ذ	و	ك	ن	و	ش	ن	ق	ل	ذ	ع	ى	ش	ك
ا	أ	و	ف	س	ه	ي	ة	ؤ	ج	و	ط	ص	ق
ل	خ	ي	ذ	ي	و	ة	ز	ي	ك	ر	ت	ل	ا
ن	ت	ن	ذ	ق	ر	خ	و	ج	ق	غ	خ	ك	ا
و	ض	ئ	ث	ي	ى	و	ن	ذ	ا	ط	ا	خ	غ
ع	ن	ا	آ	ة	ل	و	ب	ط	ل	ا	إ	ح	ن

المفضلة
النوع
الارتجال
موسيقى
الجديد
أوركسترا
إيقاع
المواهب
تقنية
قديم

فنان
ألبوم
الطبول
أغنية
تكوين
ملحن
حفلة موسيقية
نمط
التركيز
مشهور

98 - Barcos

ب	ي	ت	ط	ب	ئ	ذ	و	ظ	و	ق	ر	ه	ن
ح	خ	ئ	ا	ح	ص	ؤ	ك	ك	ا	ي	ا	ك	ج
ي	ت	ط	ق	ر	إ	خ	ق	ض	ى	ش	ث	ر	ئ
ر	ش	ة	م	ع	ط	د	و	ض	ذ	ئ	ع	ح	ة
ة	ى	ة	ر	ا	ب	ع	ل	ا	ج	ا	و	م	أ
ق	ا	ا	آ	ق	ن	ب	م	ب	ف	غ	ا	ز	ط
ذ	ل	س	ح	ة	ح	ت	ن	ف	ص	و	ن	ط	ل
ت	م	ر	ش	ز	ط	ؤ	ت	ظ	ع	ض	ط	ش	س
ط	د	م	ئ	ظ	ط	ي	ح	م	ة	ي	ر	ا	س
و	ق	ق	ر	و	ز	ل	ا	ذ	خ	ر	د	و	د
ف	ذ	ة	م	ج	ى	ئ	ق	و	ص	ر	ا	ح	ب
خ	ش	د	ز	ف	ب	ح	ر	ي	آ	آ	ص	ر	ق
ؤ	ؤ	ك	ر	ق	ز	إ	ف	ت	ظ	ق	د	ر	ث
ث	ج	ق	ح	ف	ة	ر	ا	ئ	ر	ج	ي	ر	ض

بحر
المد
بحار
سارية
محرك
بحري
محيط
أمواج
نهر
طاقم

مرساة
العبارة
عوامة
كاياك
الزورق
حبل
رصيف
يخت
طوف
بحيرة

99 - Mamíferos

ك	ض	ر	ز	ث	ع	خ	ح	ل	ؤ	ذ	ق	ر	د
ظ	ن	ل	ث	ب	د	س	أ	و	ع	ئ	ف	غ	ف
ق	ص	غ	ت	ت	و	ث	ل	م	ت	ب	ئ	ذ	و
أ	ة	ق	ر	ا	ل	ي	ر	و	غ	ا	ذ	ى	ط
ر	ف	و	ك	س	ف	ي	ض	إ	ص	ل	ف	ف	س
ن	ا	ص	ح	ح	ي	ك	ف	إ	ل	ب	ل	ك	م
ب	ر	و	ث	م	ن	ش	ة	ل	آ	ر	د	ط	و
ق	ز	ل	ى	ا	ي	ؤ	ض	ئ	ا	ا	ز	ك	ر
آ	ي	ز	ش	ر	ل	ك	خ	ة	ق	ر	ؤ	ي	ي
آ	ى	ظ	ك	و	ل	ن	ر	ر	ز	ي	ؤ	ج	س
غ	ش	ص	ن	ح	ز	خ	ر	و	ف	د	ب	م	إ
ق	ط	م	ض	ش	ل	آ	م	ش	م	م	ق	ل	خ
ص	ي	ت	ز	ي	إ	ص	ح	ا	و	س	ث	ر	ظ
ف	خ	غ	ع	ن	ض	ك	ظ	ت	ث	ظ	آ	ح	ة

حوت
جمل
كنغر
سمور
حصان
كلب
أرنب
ذئب البراري
الفيل
قط

زرافة
دولفين
غوريلا
أسد
ذئب
قرد
خروف
فوكس
ثور
حمار وحشي

100 - Atividades e Lazer

ك	ط	و	ث	ز	ا	ن	ف	ة	م	ك	ا	ل	م
ر	ى	ط	ز	ل	و	ن	ك	ج	ر	س	ى	إ	ق
ة	ك	ظ	غ	ج	ص	ء	خ	ل	ر	ف	س	ل	ا
ا	ط	و	ك	ر	ة	ا	ل	س	ل	ة	ن	و	ب
ل	ص	ل	م	ع	ظ	خ	ش	و	ر	ئ	ت	ب	س
ق	ة	ش	س	و	ح	ر	ج	ص	غ	خ	ى	س	ك
د	ج	و	ل	ذ	ؤ	ت	ر	ف	ك	ب	ت	ي	ف
م	آ	ة	ا	ث	ت	س	ؤ	ح	ذ	و	ا	ب	ؤ
خ	ص	ن	د	ا	ف	ا	ا	خ	م	ي	ي	خ	ت
ث	ض	غ	ي	آ	د	ل	ظ	م	ل	ر	ا	ئ	ض
ك	ظ	ط	ص	ل	ج	ا	ى	ف	خ	ب	و	ي	ت
ط	ب	م	ح	آ	د	ر	ؤ	ض	ن	خ	ه	ي	ص
ش	ب	س	ت	ن	ة	ح	ا	ب	س	س	ل	ط	ف
ة	ح	و	ل	ل	ا	ث	ي	ظ	د	ل	ا	ر	ح

تخييم
فن
كرة السلة
بيسبول
ملاكمة
سباق
كرة القدم
جولف
الهوايات

بستنة
الغوص
سباحة
صيد السمك
اللوحة
الاسترخاء
تصفح
تنس
السفر

1 - Dirigindo

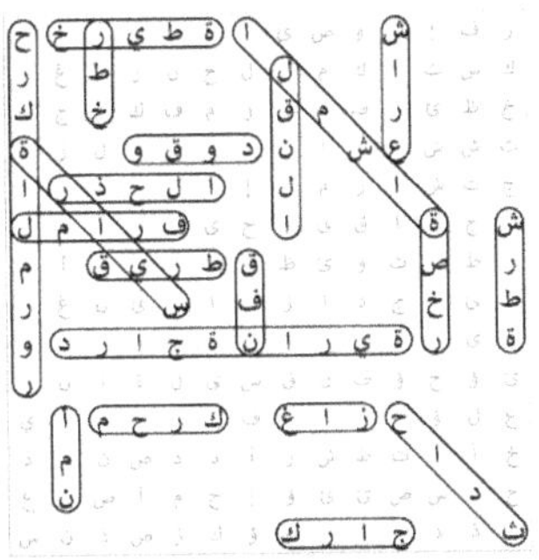

2 - Antiguidades

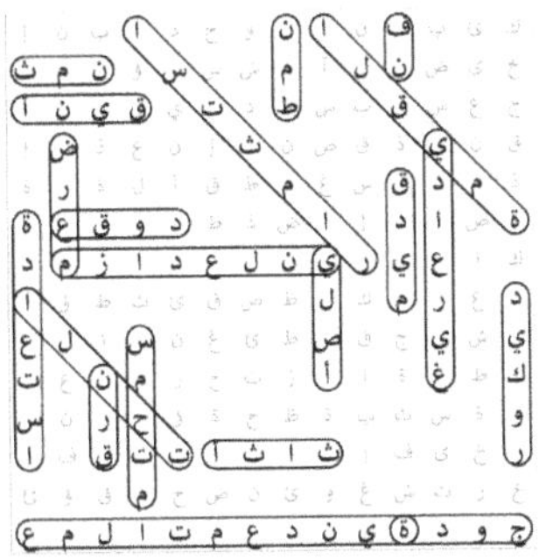

3 - Churrascos

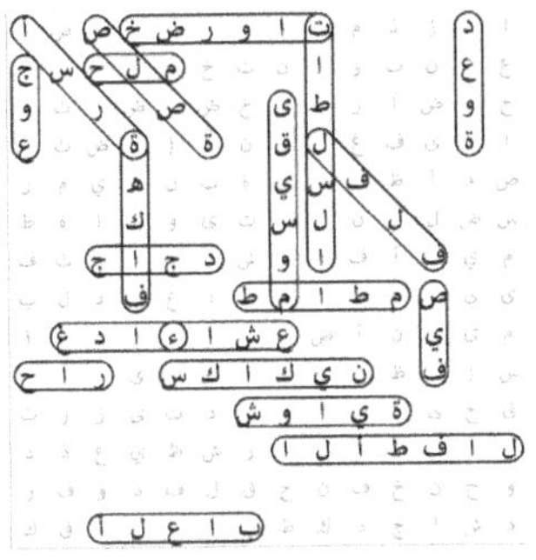

4 - Geologia

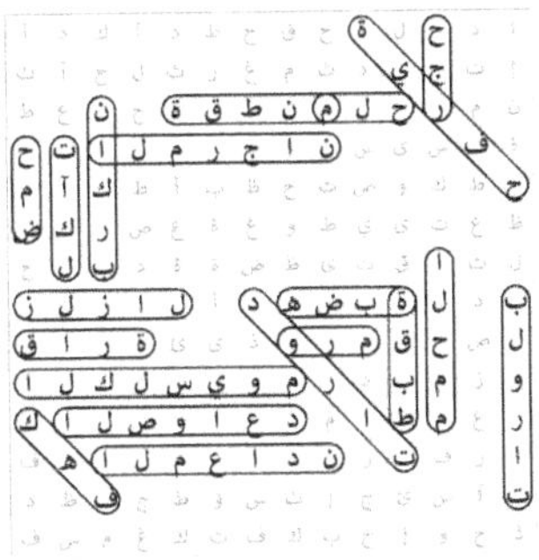

5 - Ética

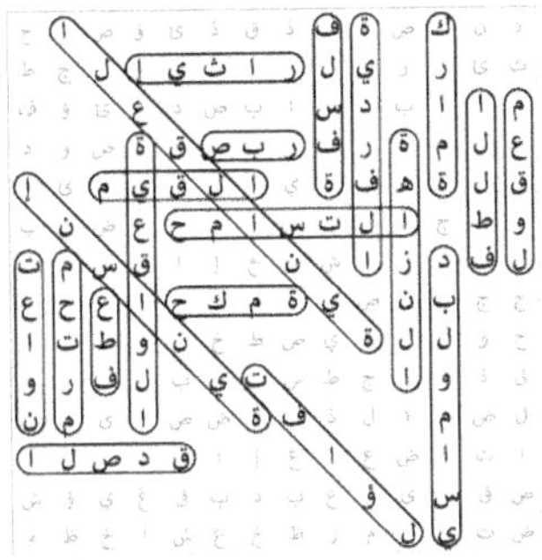

6 - Tempo

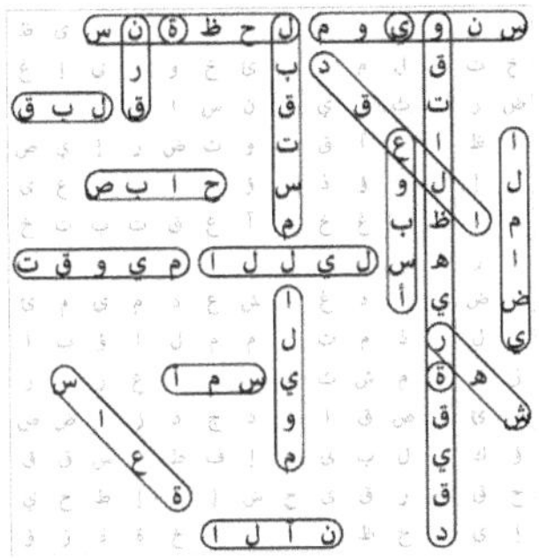

7 - Astronomia

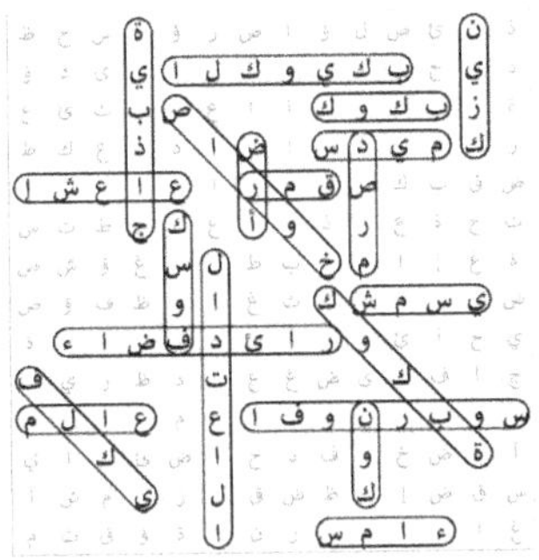

8 - Circo

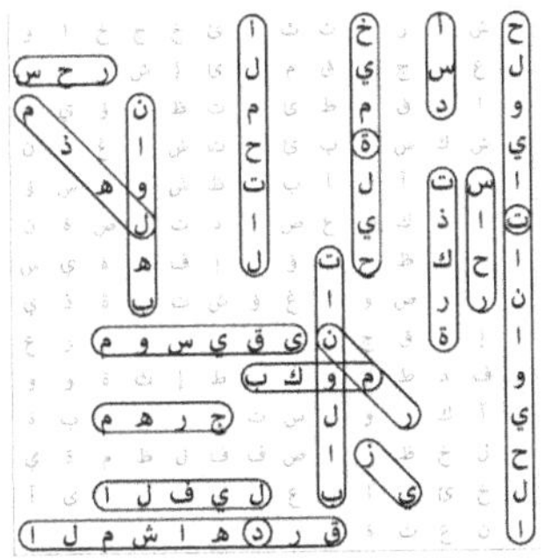

9 - Acampamento

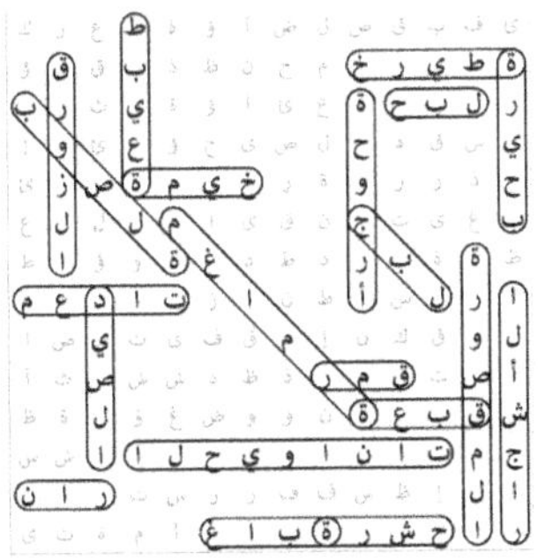

10 - Emoções

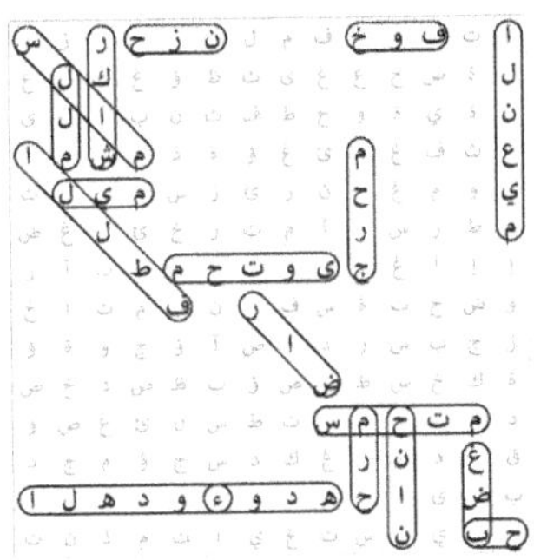

11 - Ficção Científica

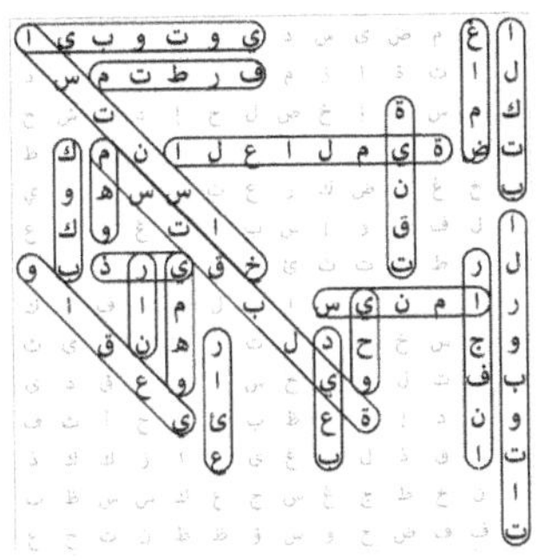

12 - Mitologia

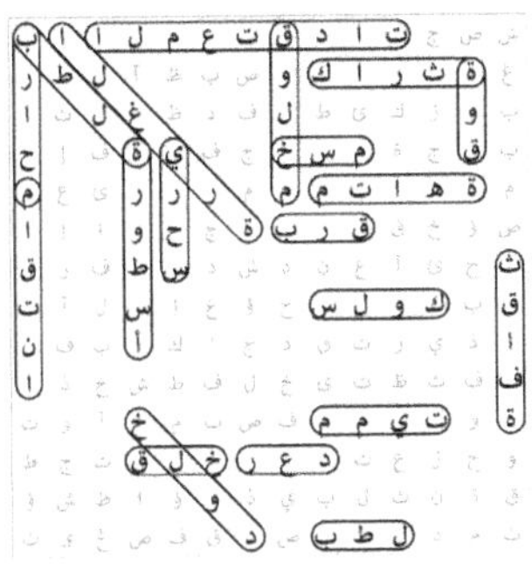

13 - Medições

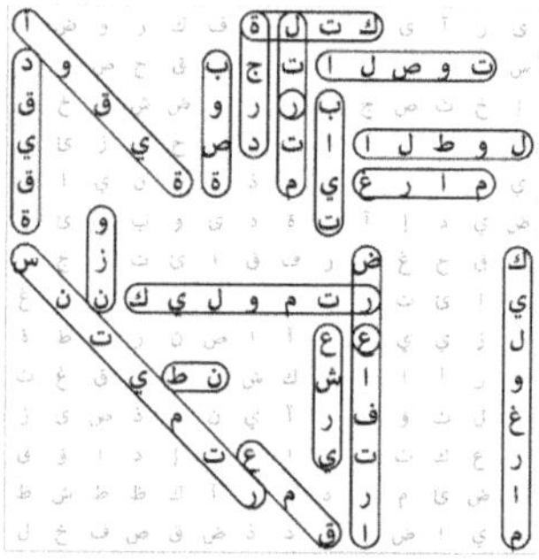

14 - Álgebra

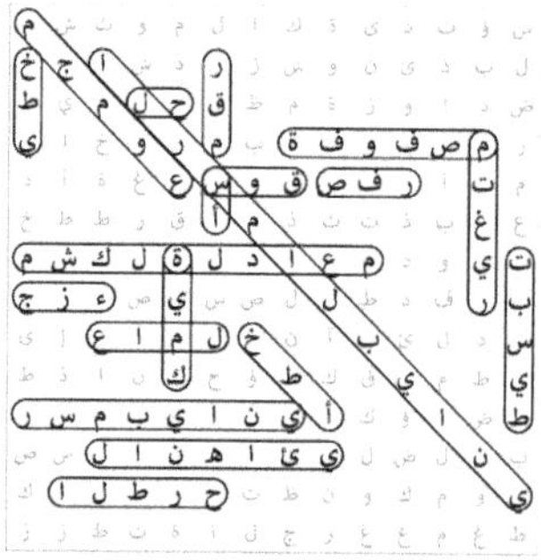

15 - Plantas

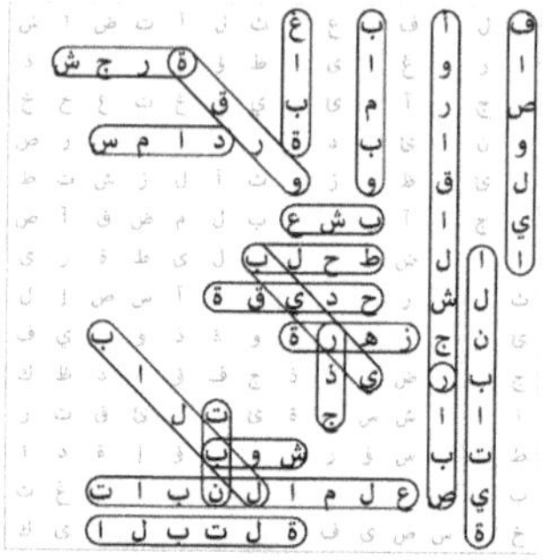

16 - Veículos

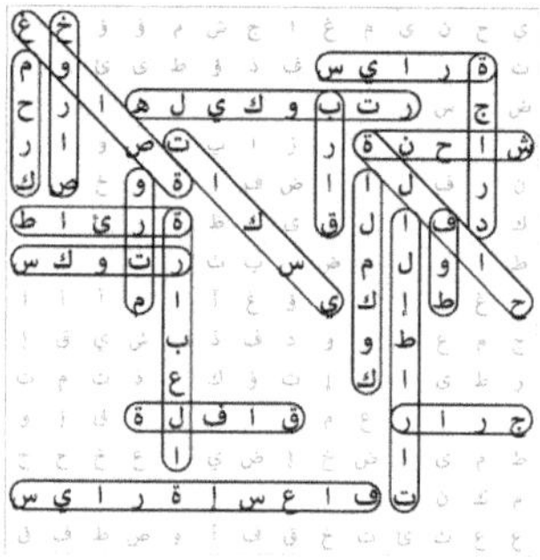

17 - Engenharia

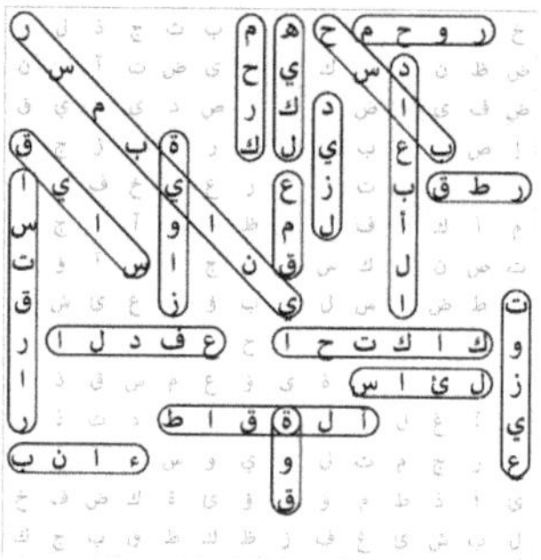

18 - Restaurante # 2

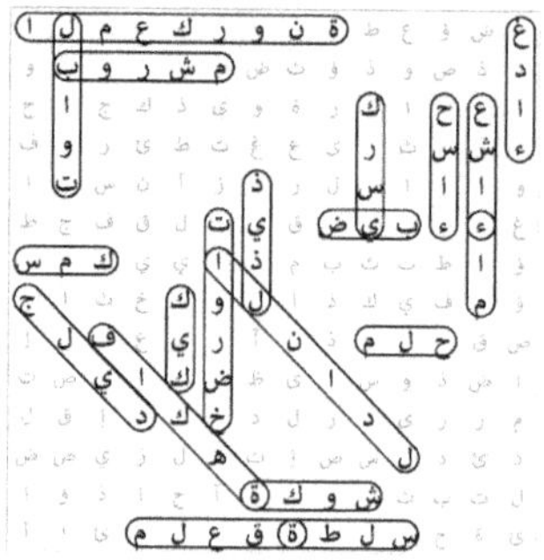

19 - Países #2

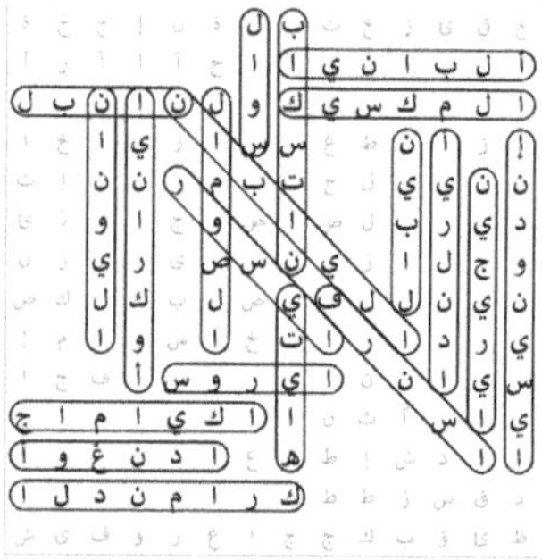

20 - Cozinha

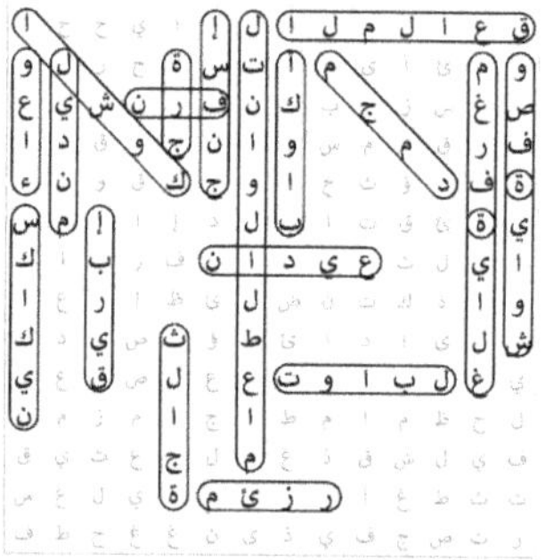

21 - Material de Arte

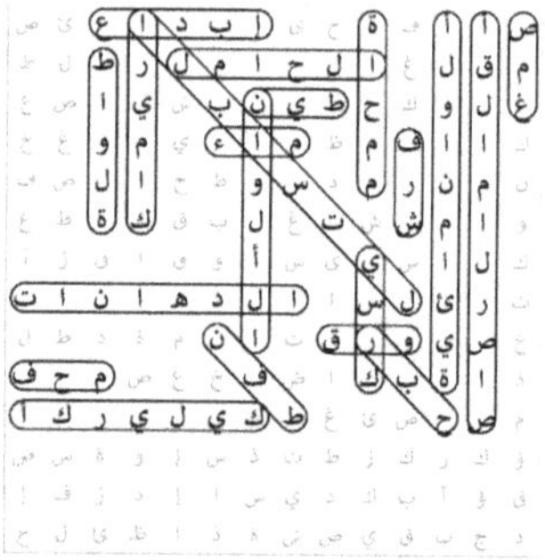

22 - Números

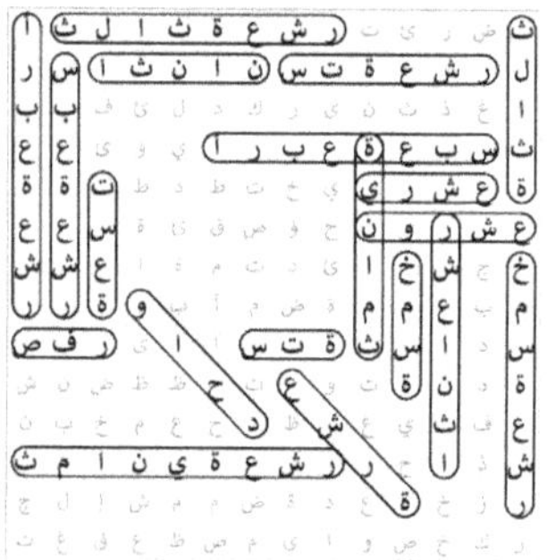

23 - Física

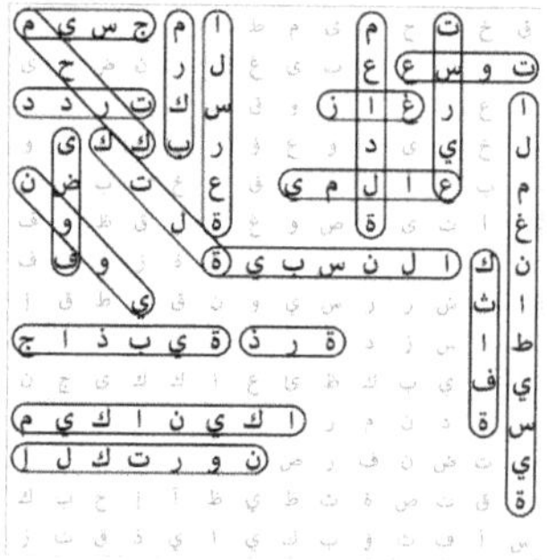

24 - Especiarias

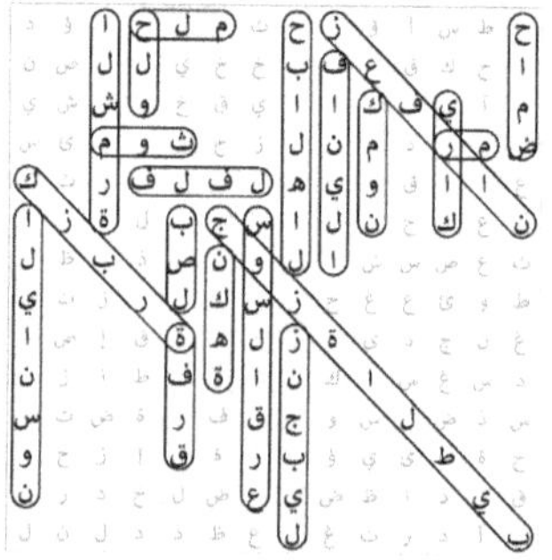

25 - Países #1

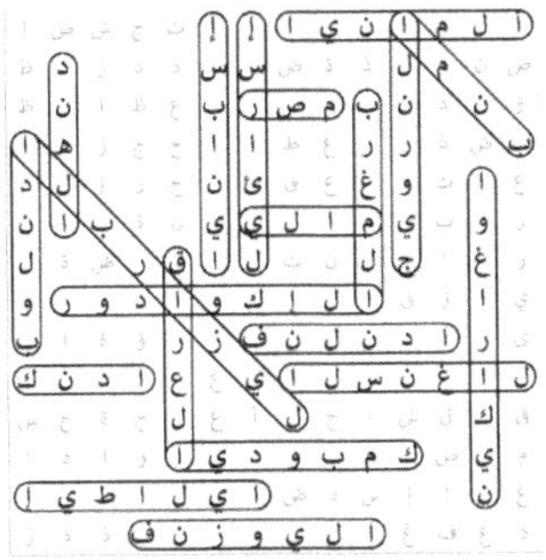

26 - A Mídia

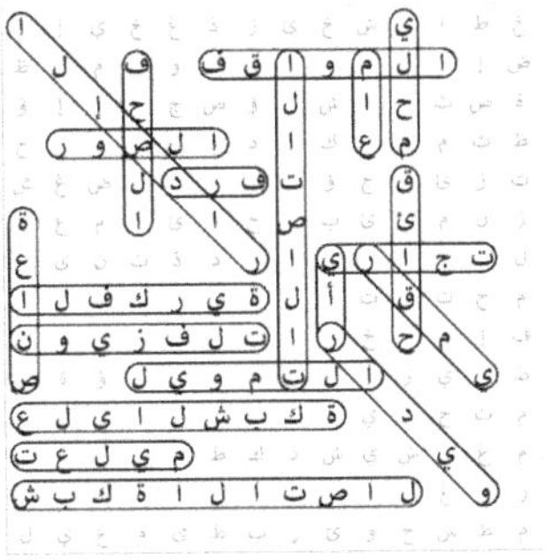

27 - Casa

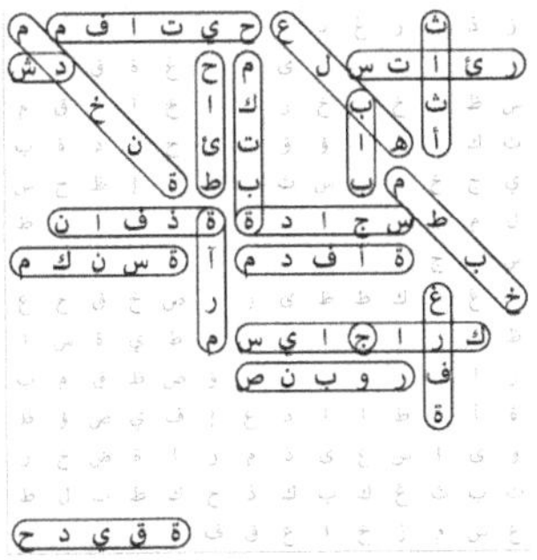

28 - Vegetais

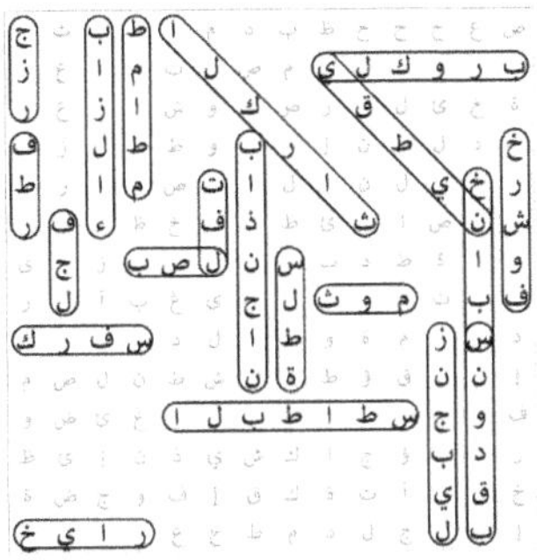

29 - Balé

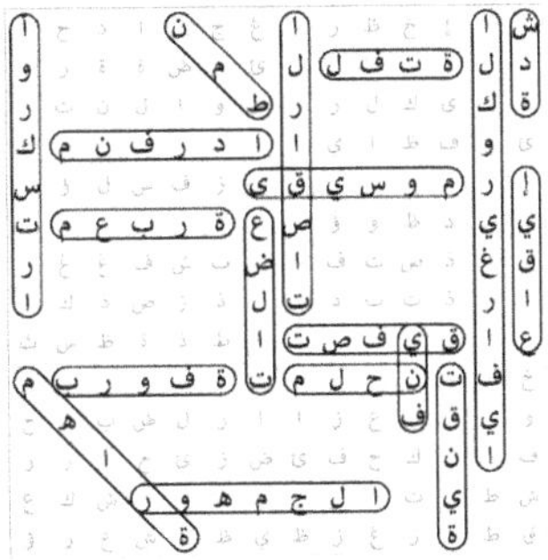

30 - Adjetivos #1

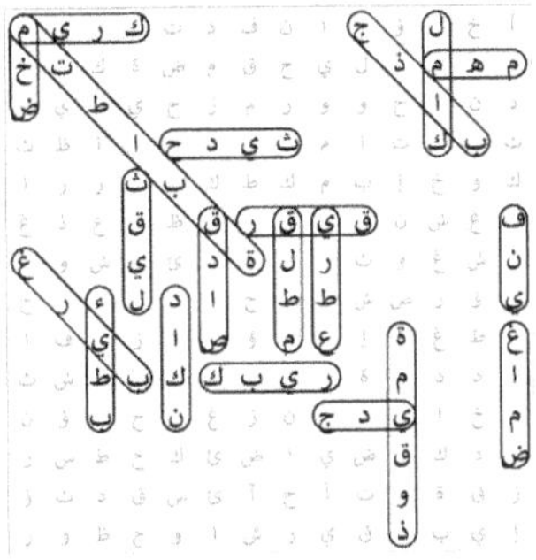

31 - Psicologia

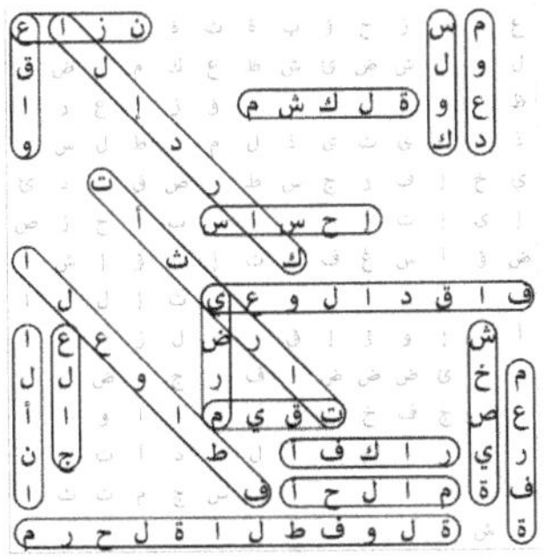

32 - Paisagens

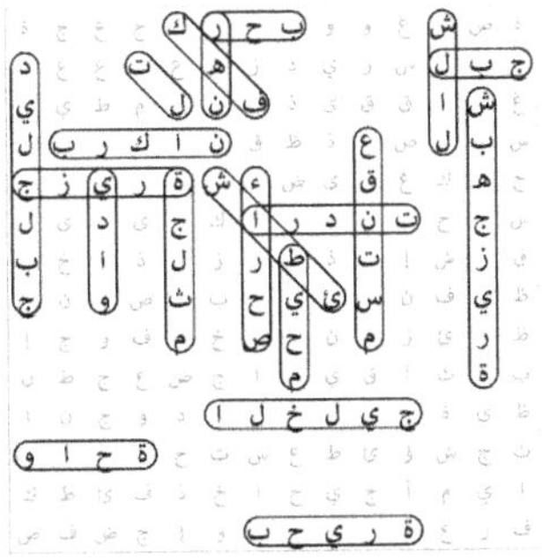

33 - Dança

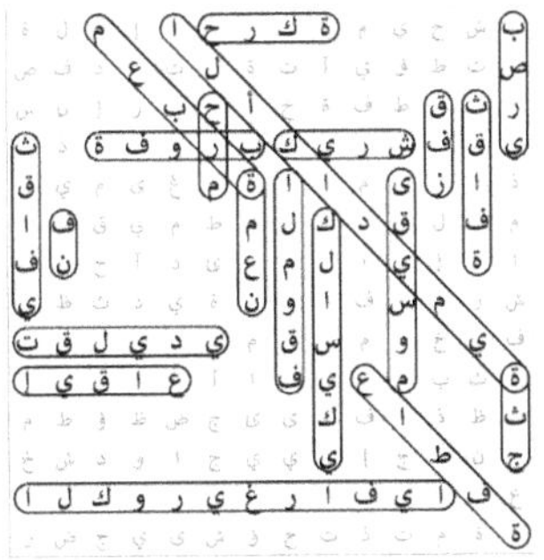

34 - Nutrição

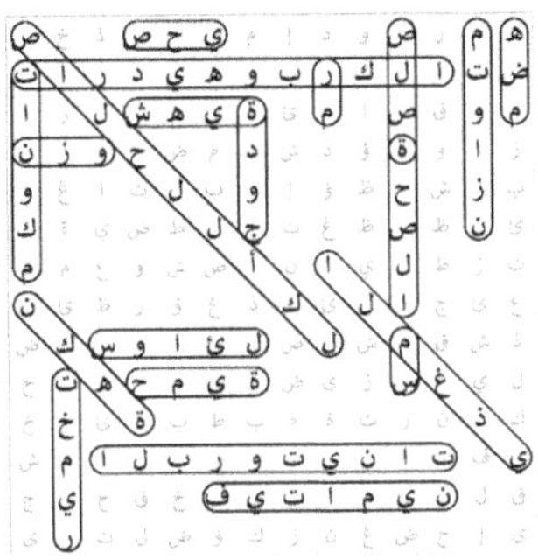

35 - Energia

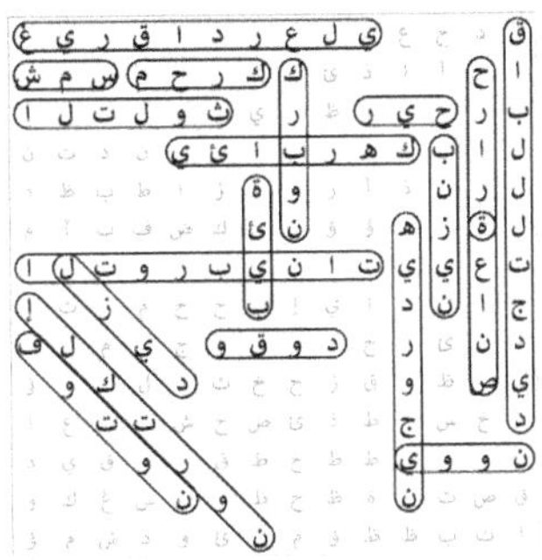

36 - Disciplinas Científicas

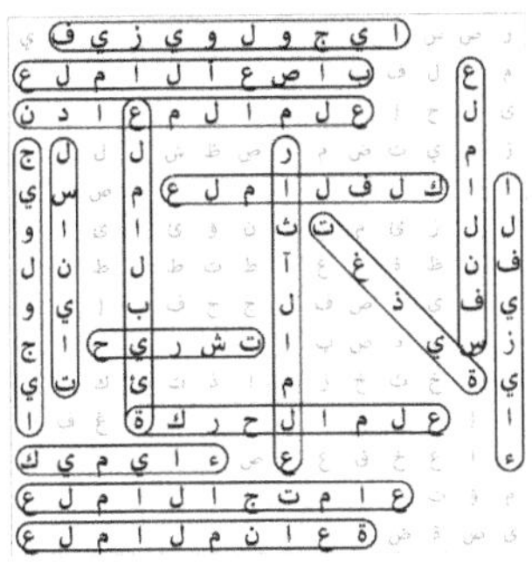

37 - Meditação

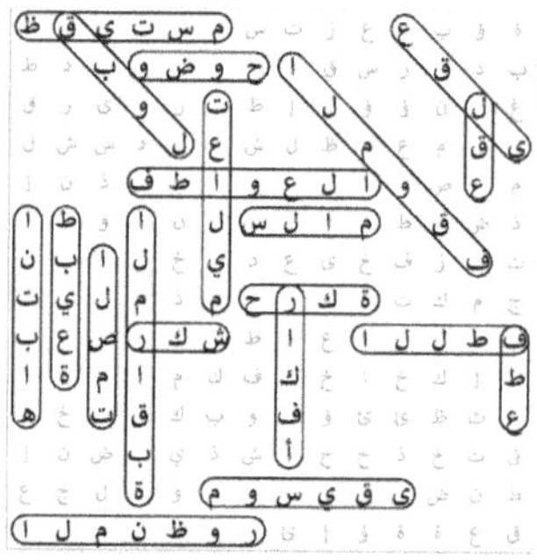

38 - Moda

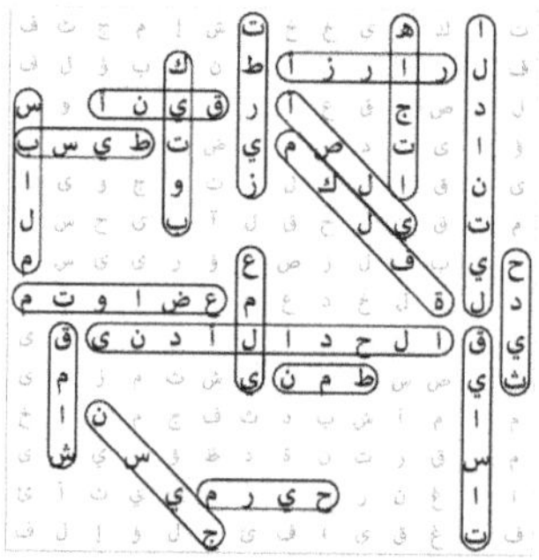

39 - Instrumentos Musicais

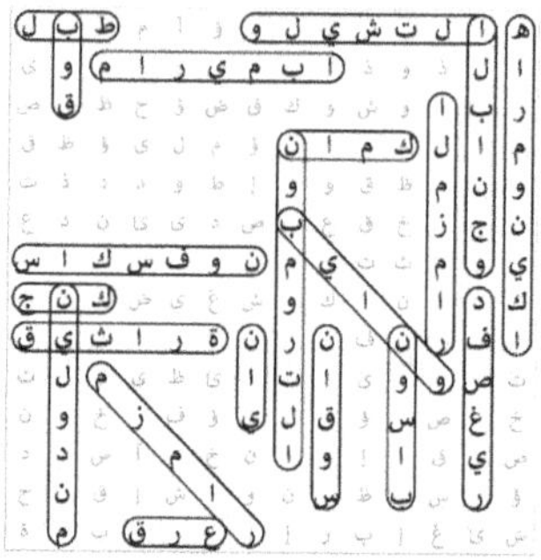

40 - Adjetivos #2

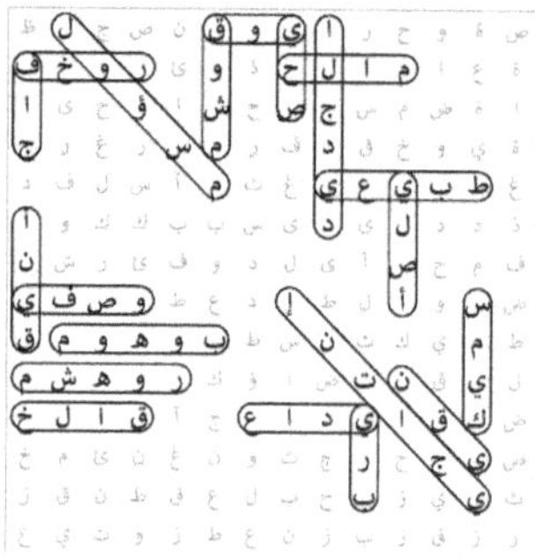

41 - Roupas

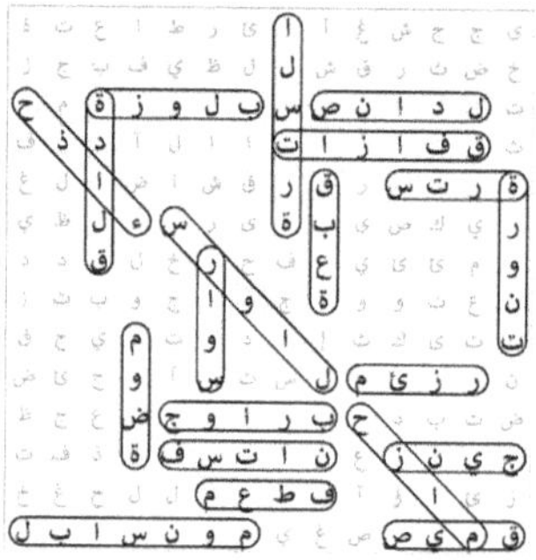

42 - Herbalismo

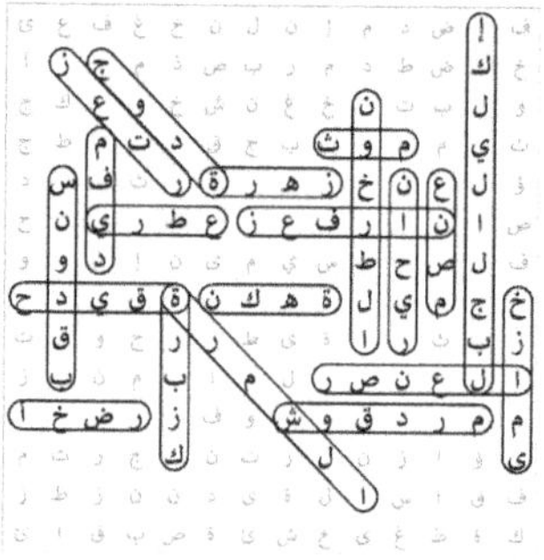

43 - Arqueologia

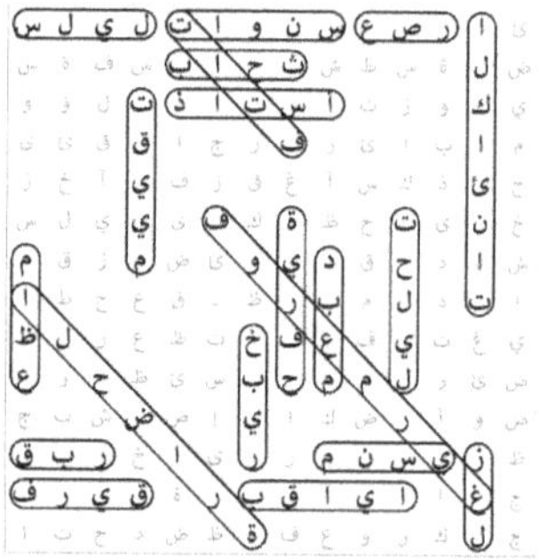

44 - Frutas

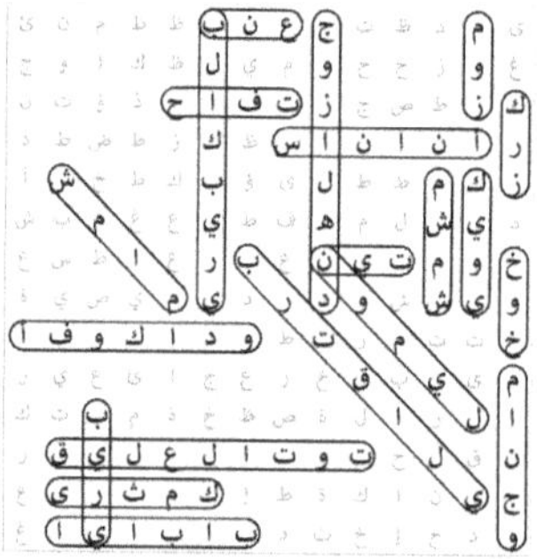

45 - Corpo Humano

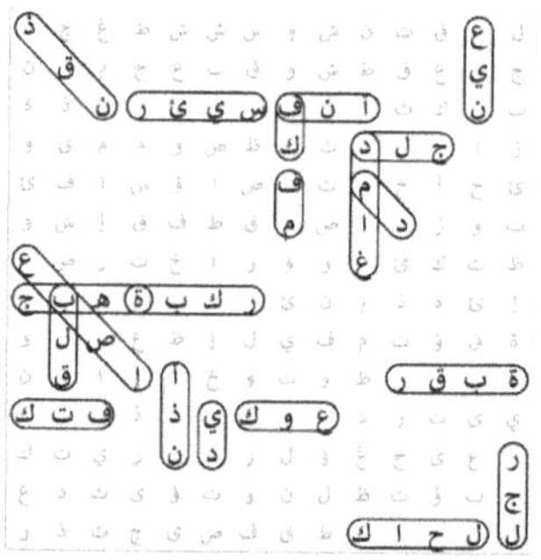

46 - Restaurante #1

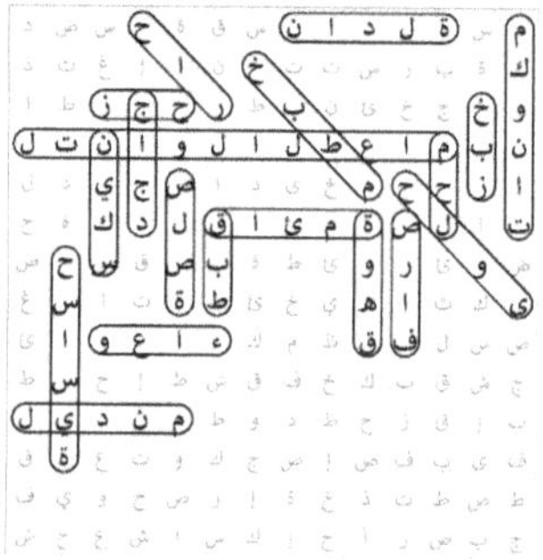

47 - Caminhada

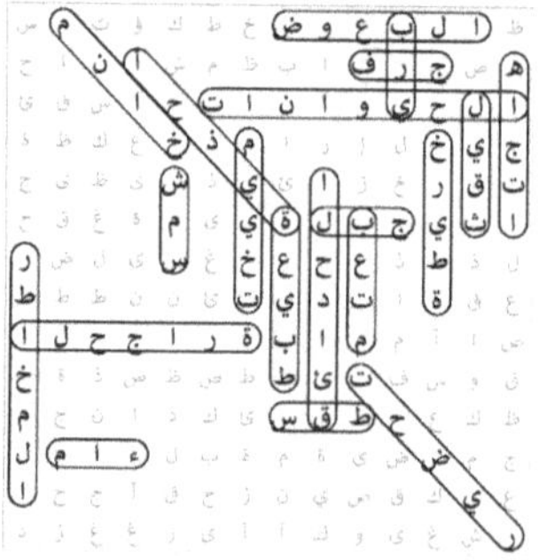

48 - Beleza

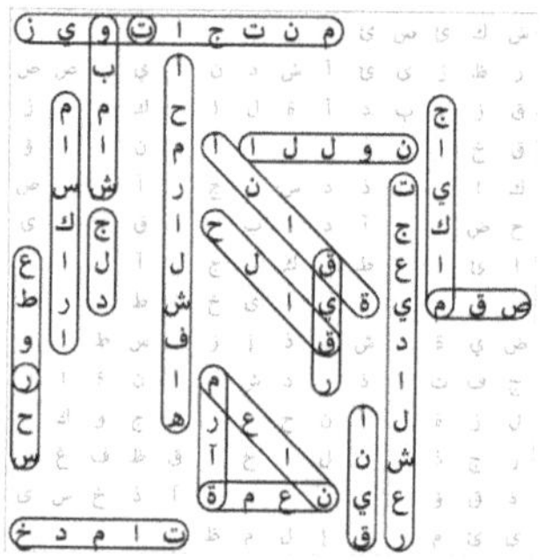

49 - Filantropia

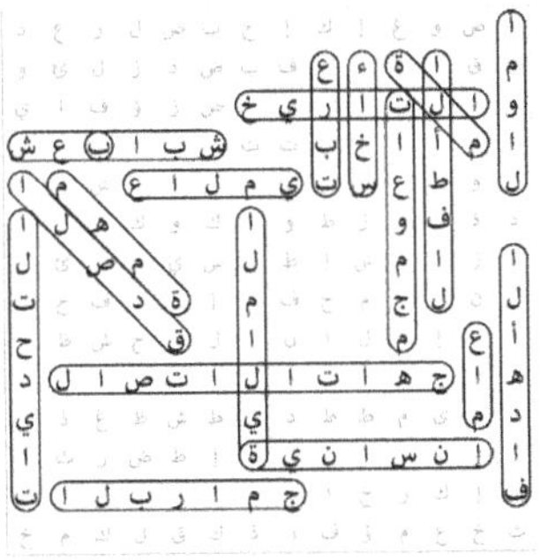

50 - Ecologia

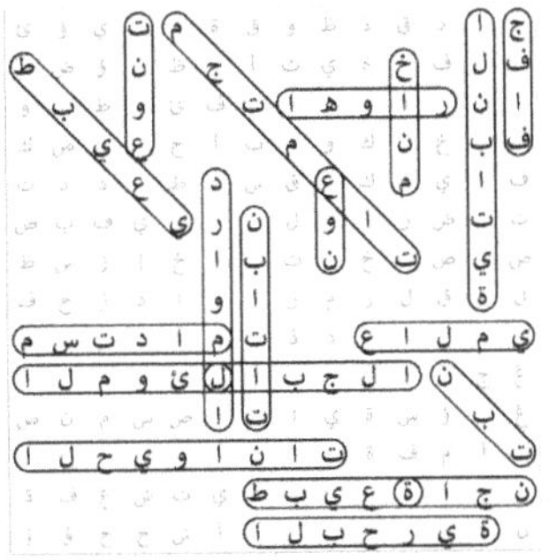

51 - Família

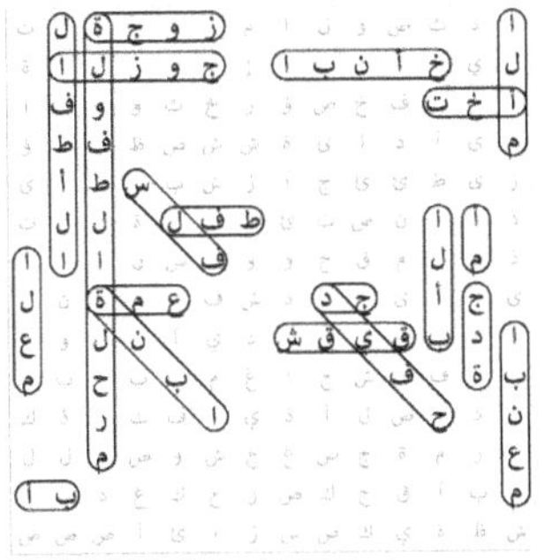

52 - Férias #2

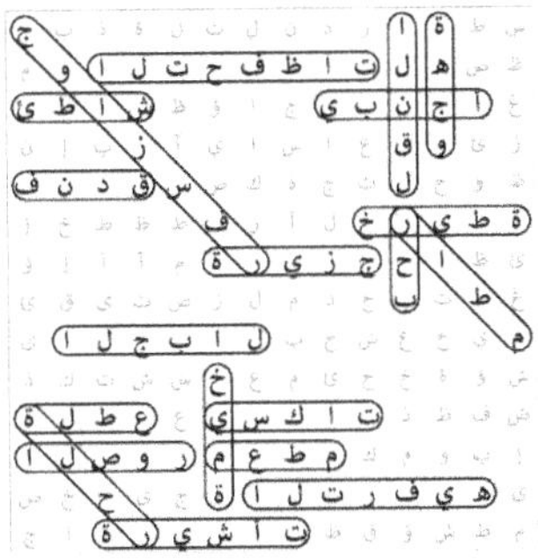

53 - Edifícios

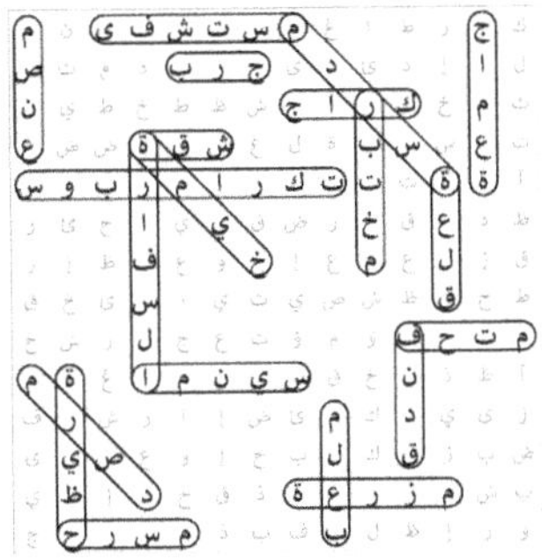

54 - Xadrez

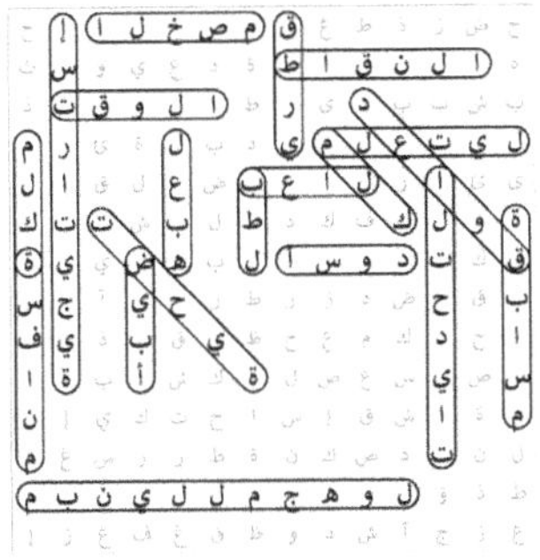

55 - Aventura

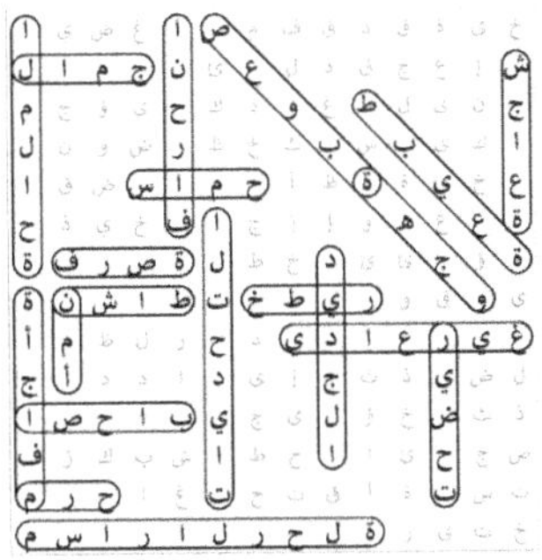

56 - Floresta Tropical

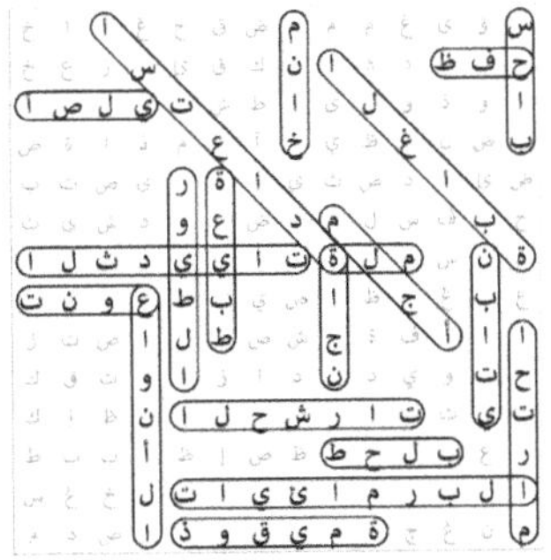

57 - Cidade

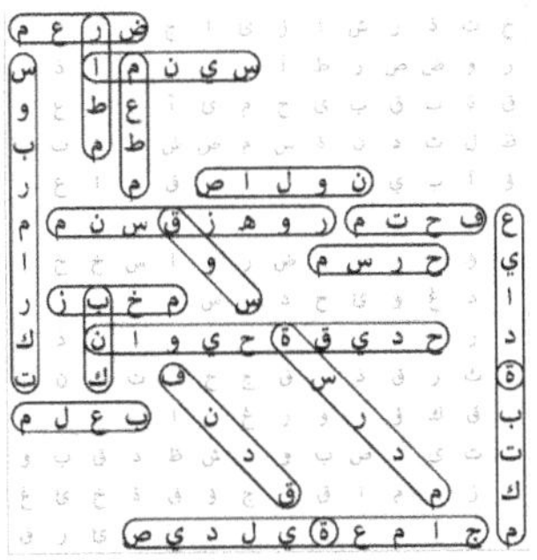

58 - Música

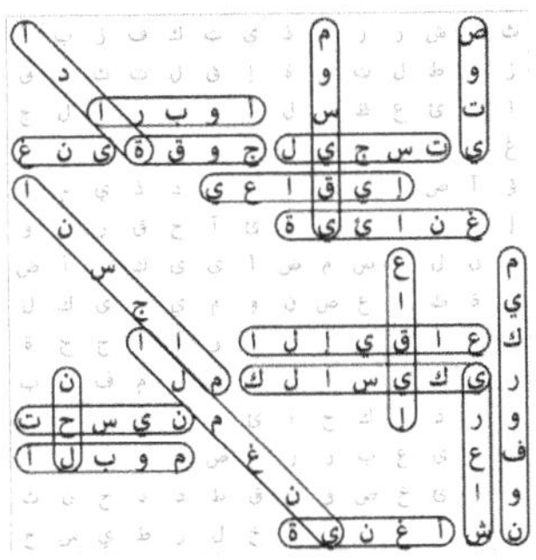

59 - Matemática

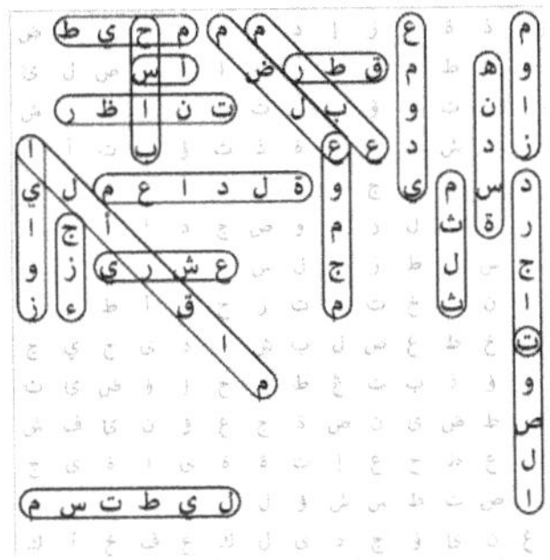

60 - Saúde e Bem Estar #1

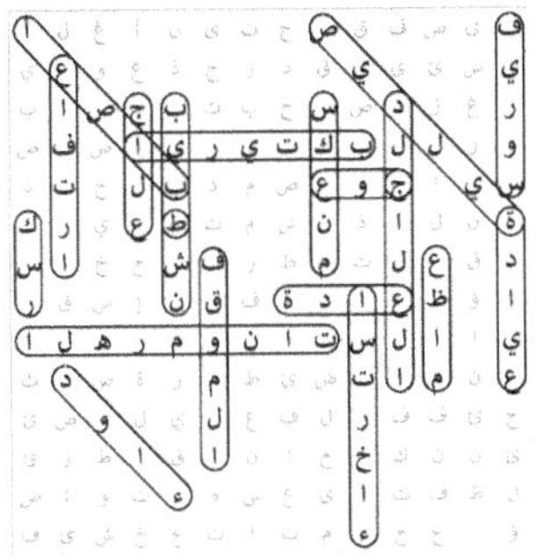

61 - Natureza

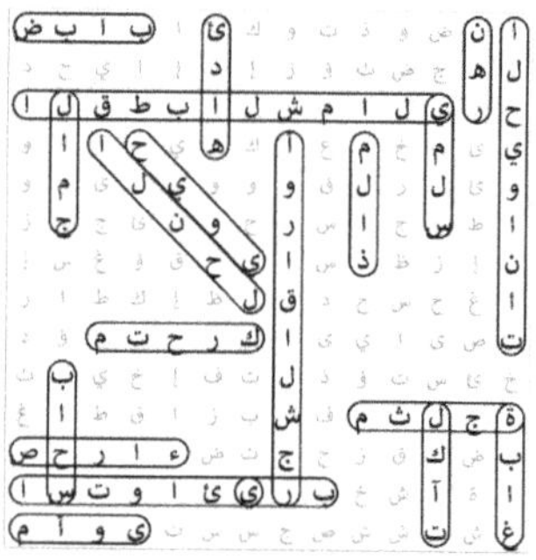

62 - A Empresa

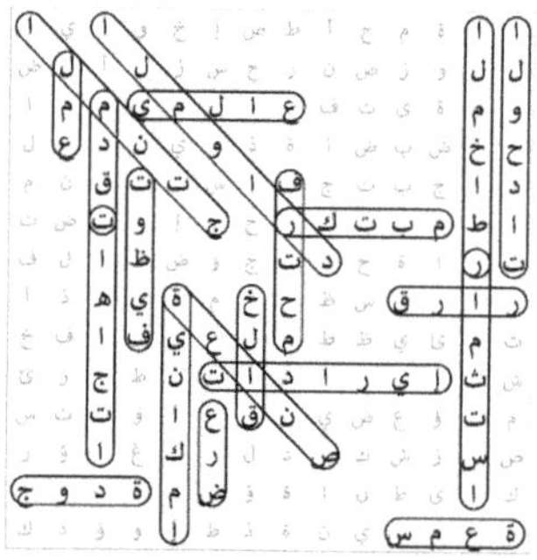

63 - Aviões

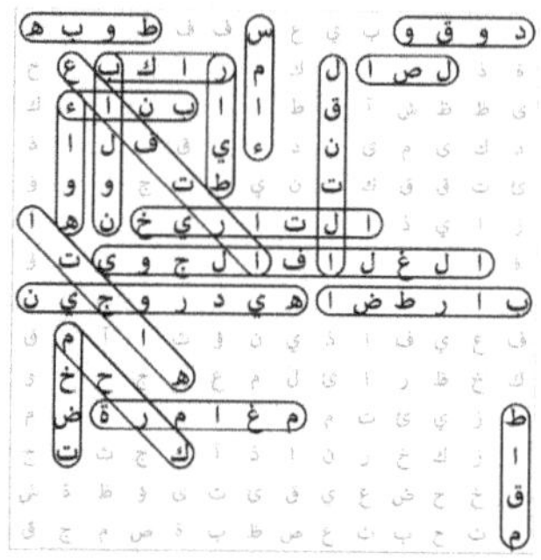

64 - Tipos de Cabelo

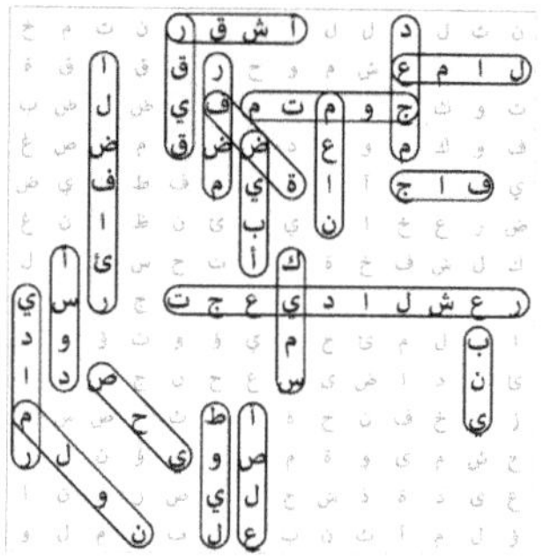

65 - Criatividade

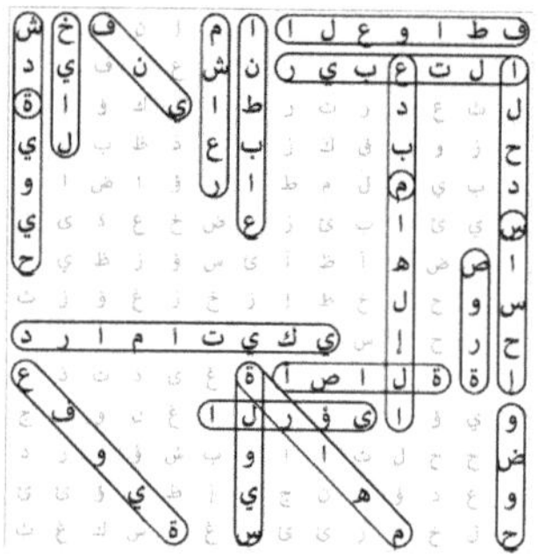

66 - Dias e Meses

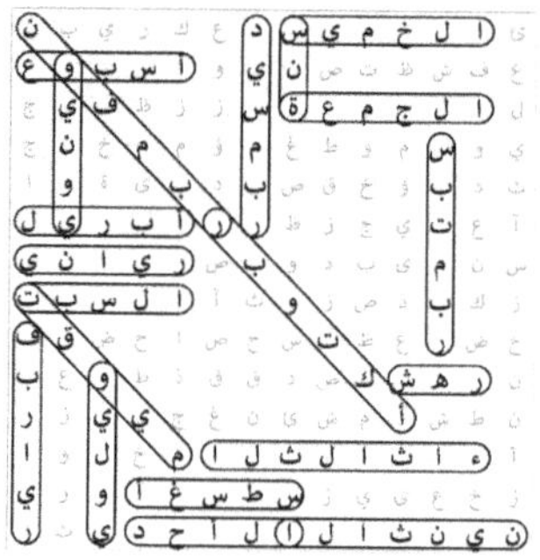

67 - Saúde e Bem Estar #2

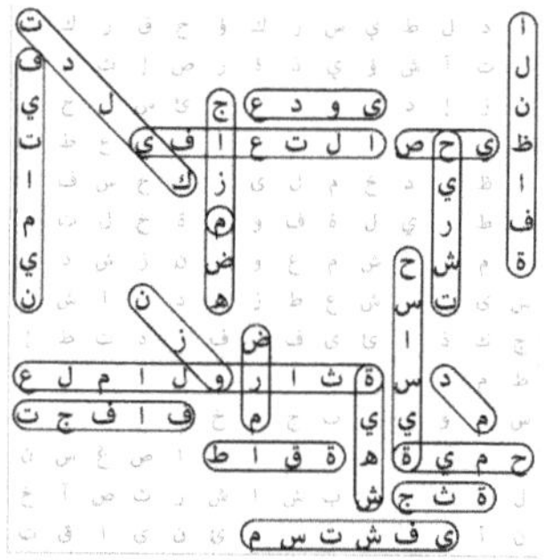

68 - Geografia

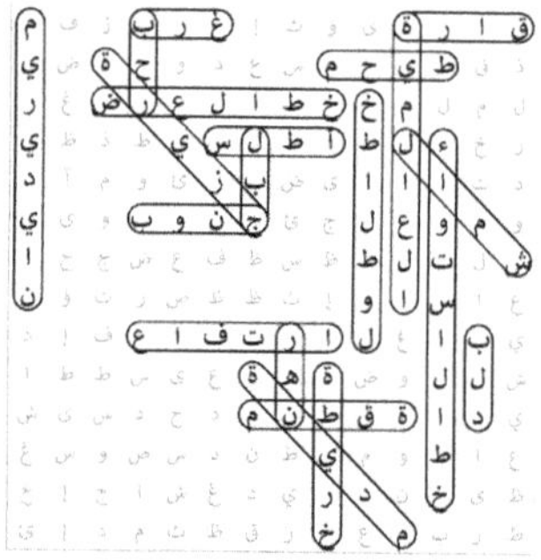

69 - Antártica

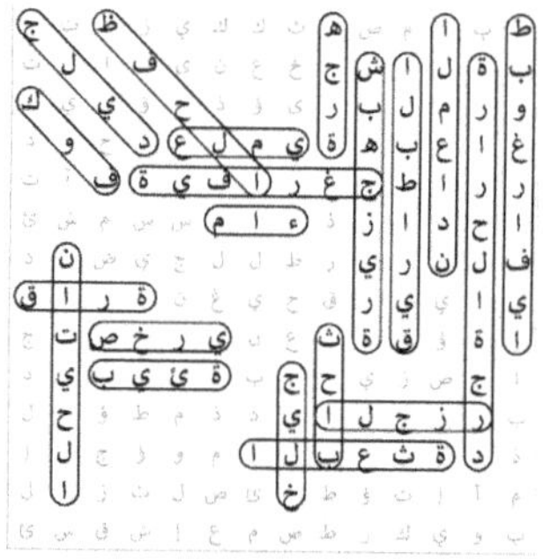

70 - Flores

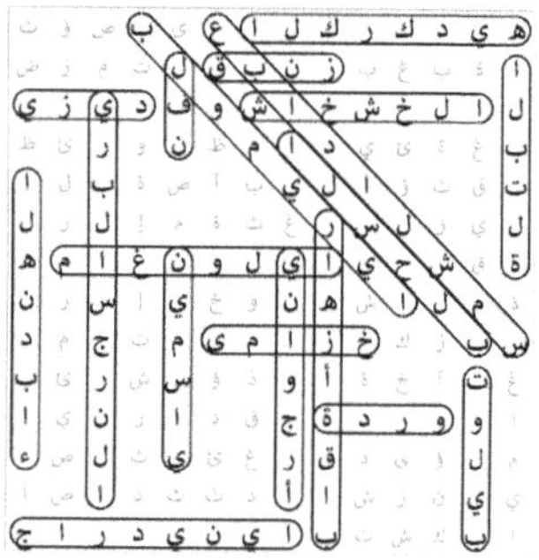

71 - Fazenda #1

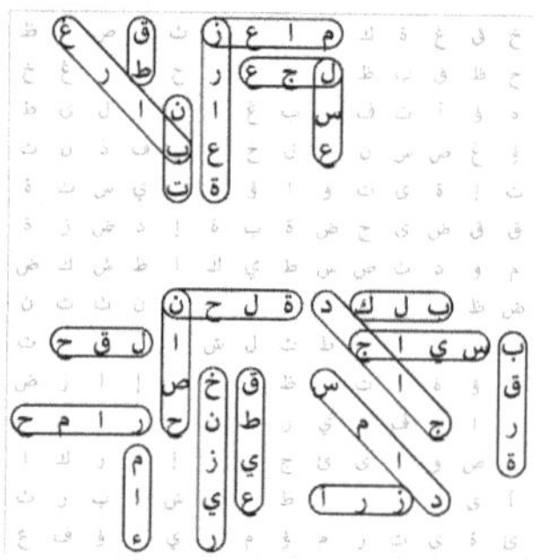

72 - Livros

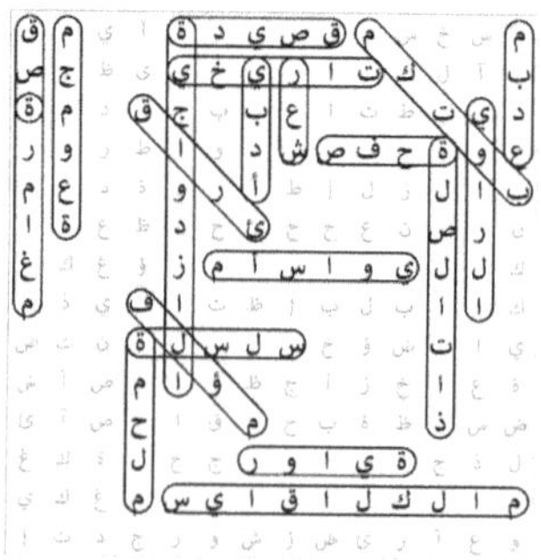

73 - Chocolate

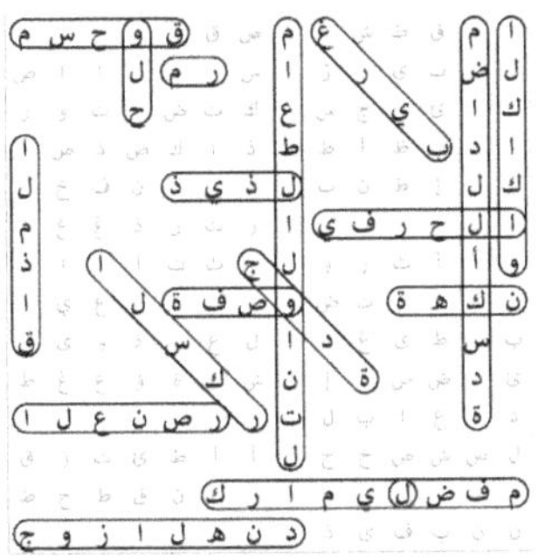

74 - Governo

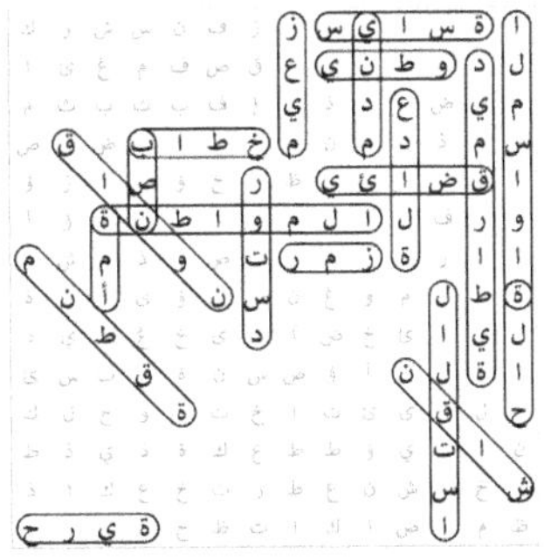

75 - Jardinagem

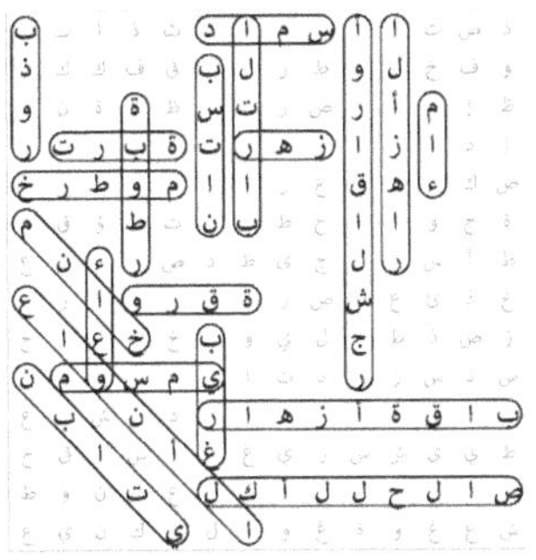

76 - Profissões #2

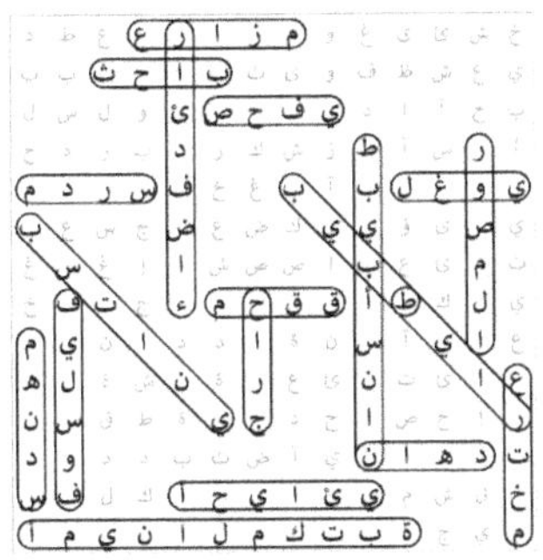

77 - Café

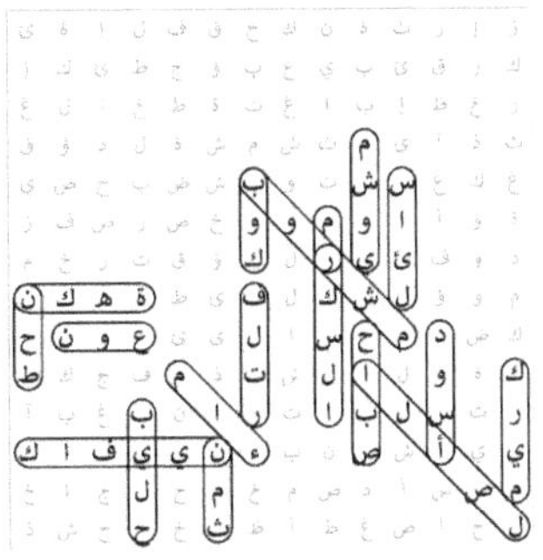

78 - Negócios

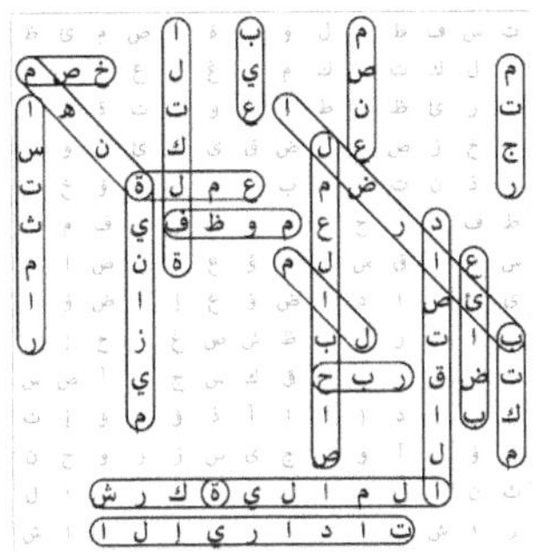

79 - Fazenda #2

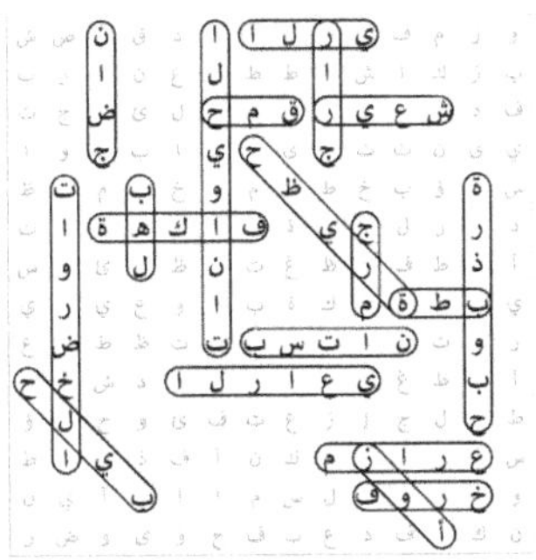

80 - Jardim

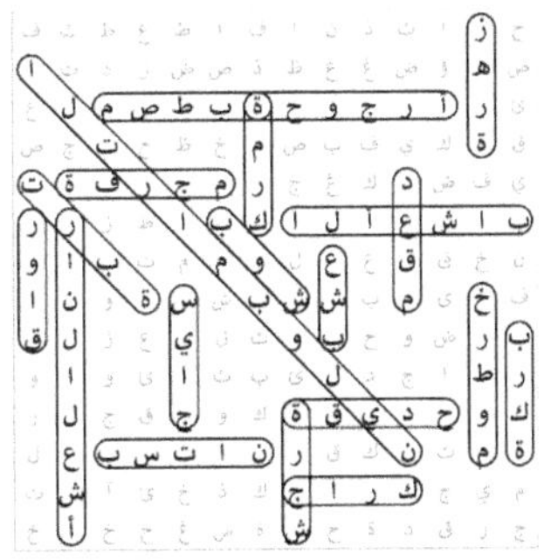

81 - Oceano

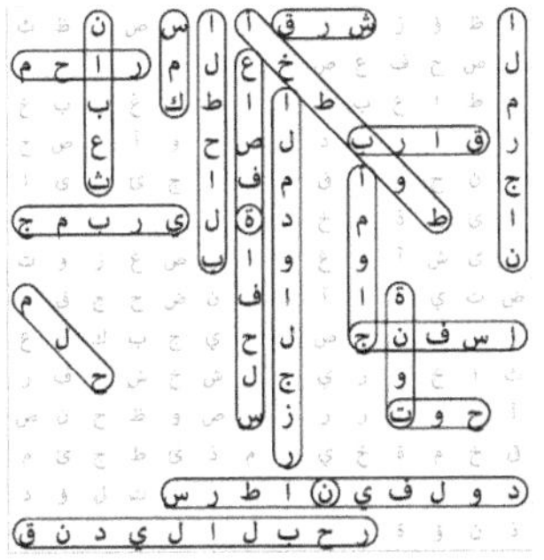

82 - Profissões #1

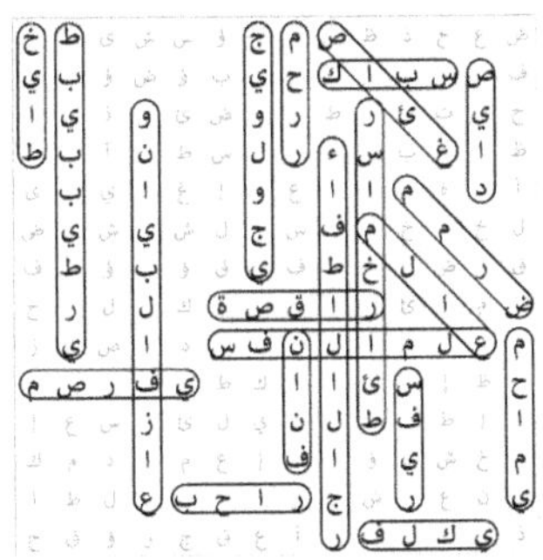

83 - Força e Gravidade

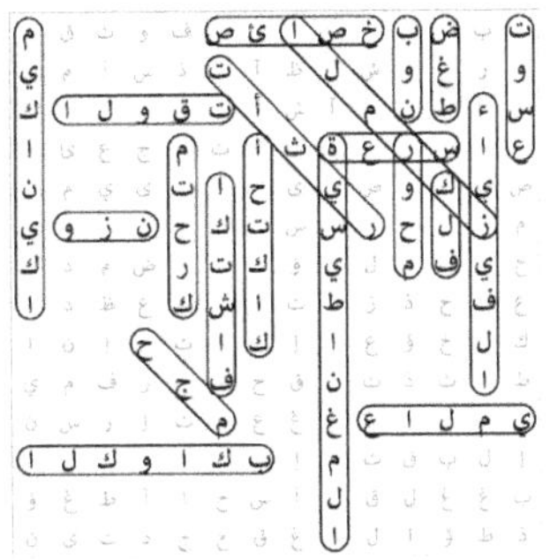

84 - Abelhas

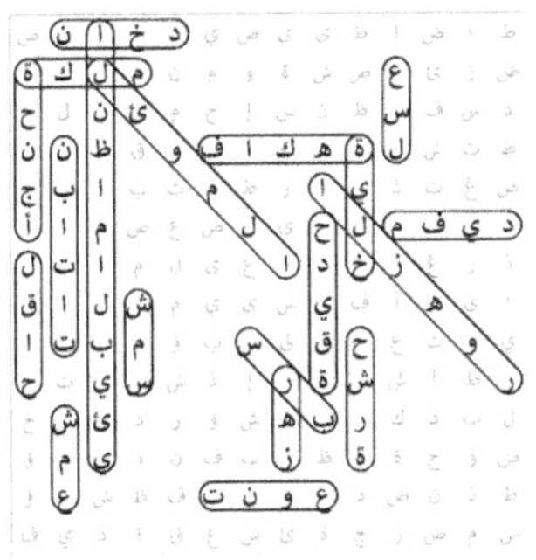

85 - Ciência

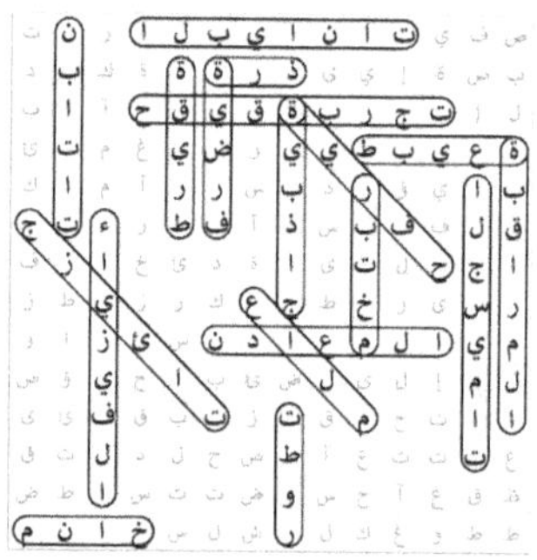

86 - Comida #1

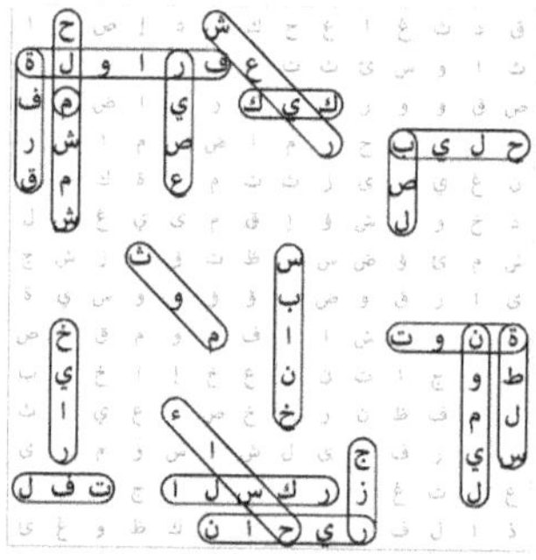

87 - Geometria

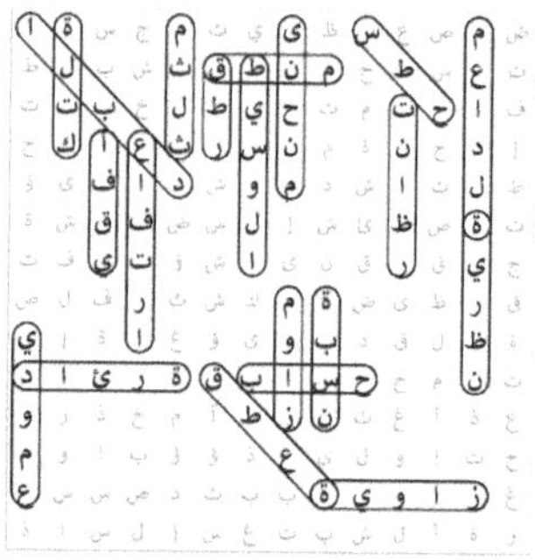

88 - Pássaros

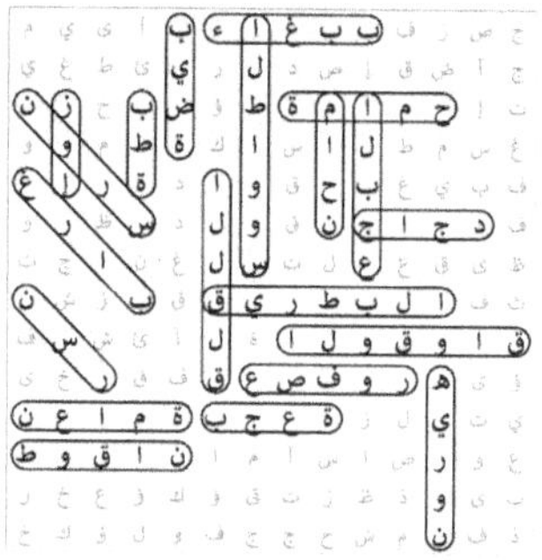

89 - Literatura

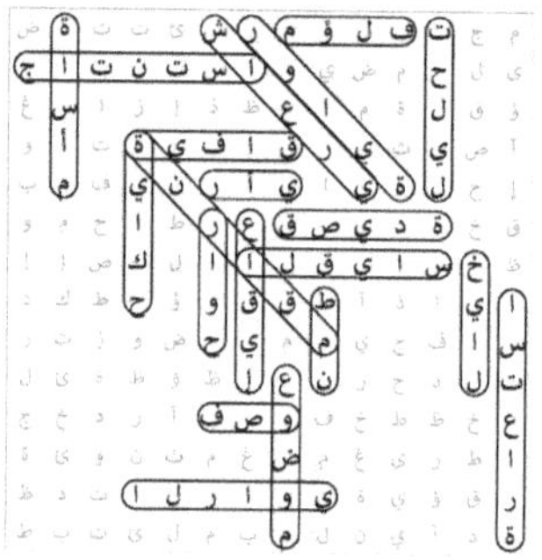

90 - Química

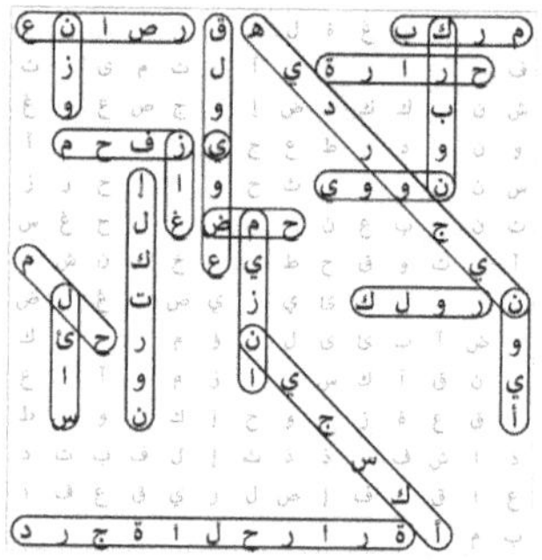

91 - Clima

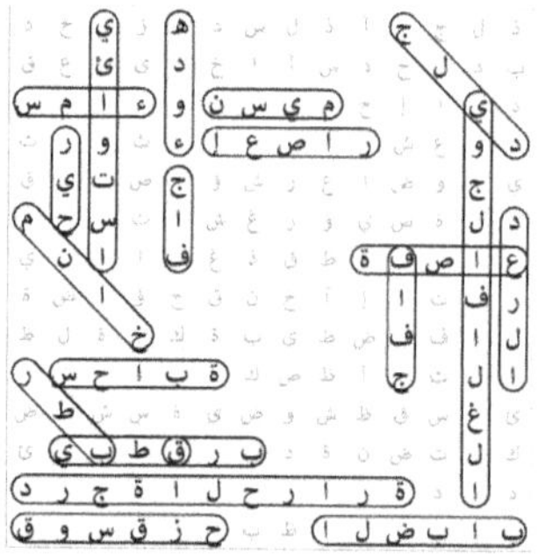

92 - Tecnologia

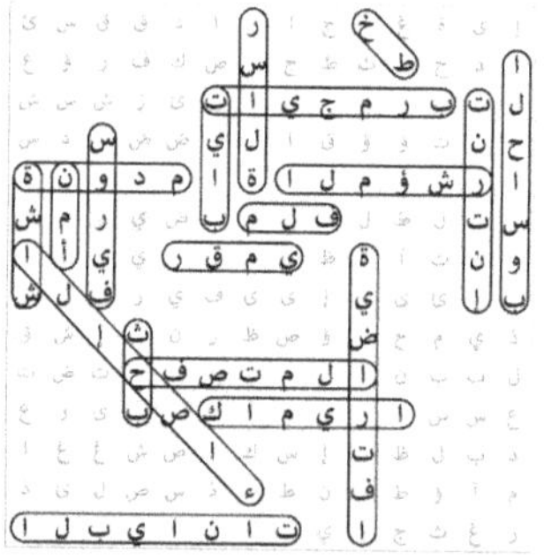

93 - Arte

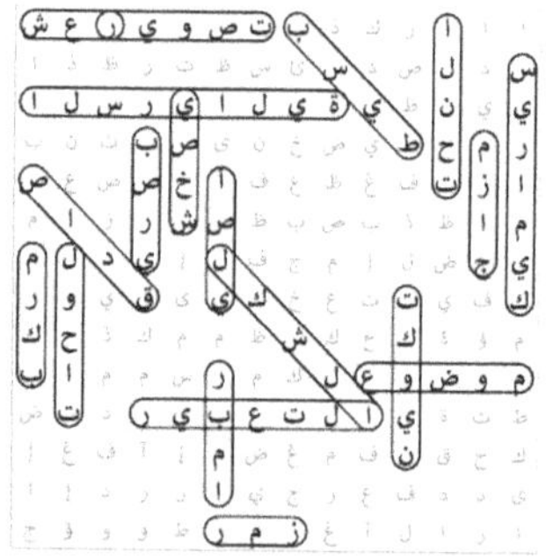

94 - Diplomacia

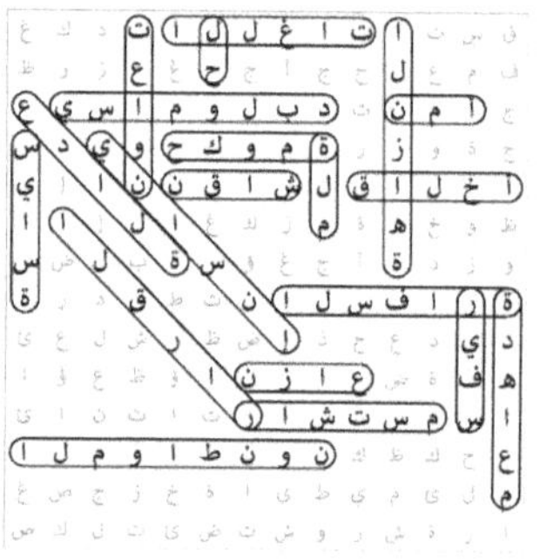

95 - Comida # 2

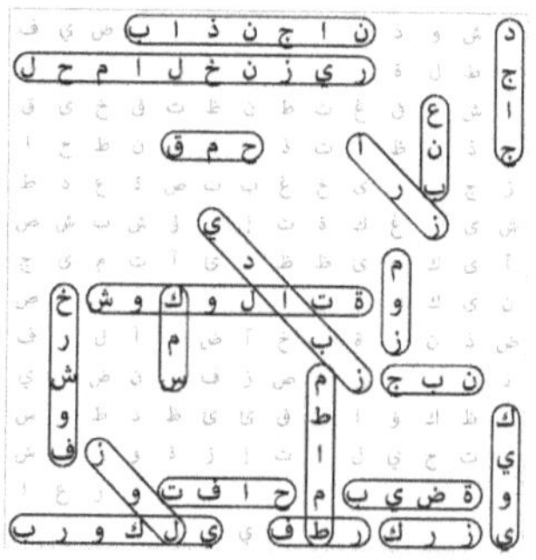

96 - Universo

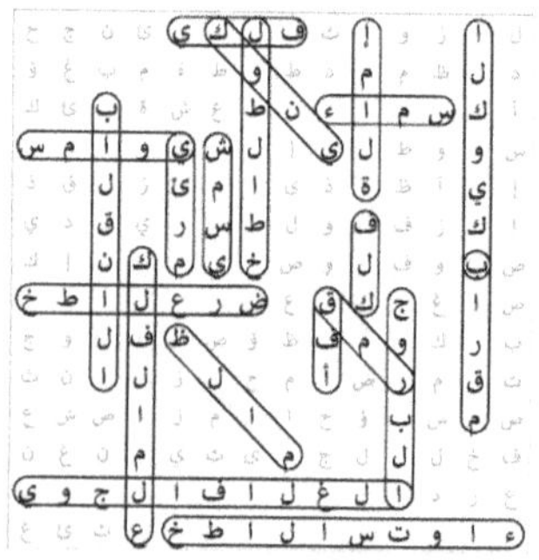

97 - Jazz

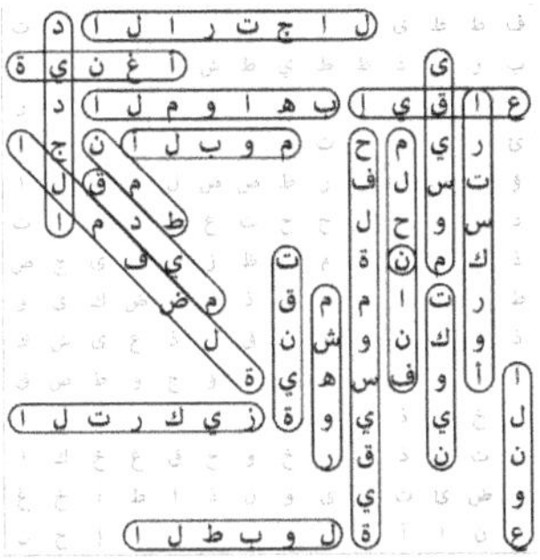

98 - Barcos

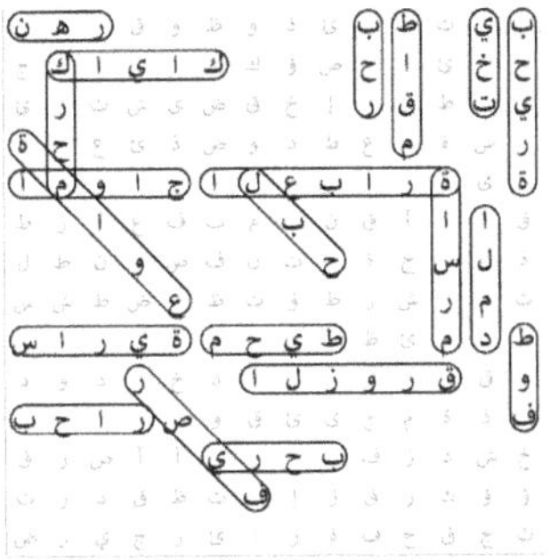

99 - Mamíferos

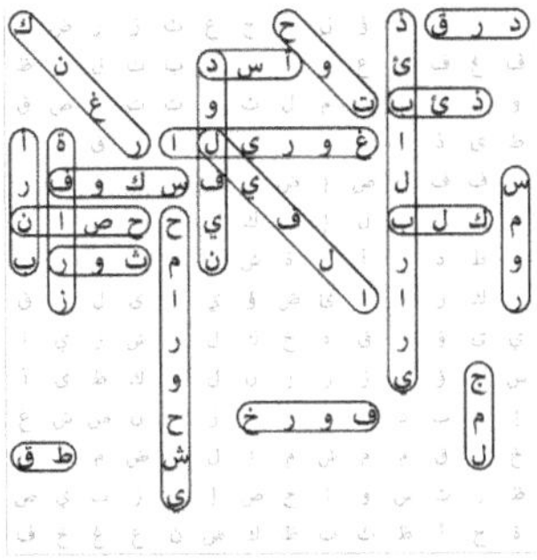

100 - Atividades e Lazer

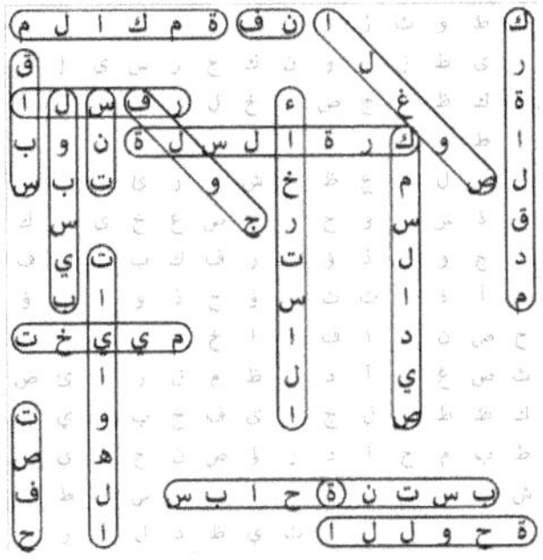

Dicionário

A Empresa
الشركة

Apresentação	عرض
Criativo	خلاق
Decisão	قرار
Emprego	توظيف
Global	عالمي
Indústria	صناعة
Inovador	مبتكر
Investimento	استثمار
Negócio	عمل
Possibilidade	إمكانية
Produto	المنتج
Profissional	محترف
Progresso	تقدم
Qualidade	جودة
Receita	إيرادات
Recursos	الموارد
Reputação	سمعة
Riscos	المخاطر
Tendências	اتجاهات
Unidades	الوحدات

A Mídia
وسائل الإعلام

Atitudes	المواقف
Comercial	تجاري
Comunicação	الاتصالات
Digital	رقمي
Edição	الإصدار
Educação	تعليم
Fatos	حقائق
Financiamento	التمويل
Fotos	الصور
Individual	فرد
Indústria	صناعة
Intelectual	الفكرية
Jornais	الصحف
Local	محلي
Online	على الشبكة
Opinião	رأي
Público	عام
Rádio	راديو
Rede	شبكة الاتصال
Televisão	تلفزيون

Abelhas
النحل

Asas	أجنحة
Benéfico	مفيد
Cera	شمع
Colmeia	خلية
Diversidade	تنوع
Ecossistema	النظام البيئي
Enxame	سرب
Flor	زهر
Flores	الزهور
Fruta	فاكهة
Fumaça	دخان
Habitat	الموئل
Inseto	حشرة
Jardim	حديقة
Mel	عسل
Plantas	نباتات
Pólen	لقاح
Rainha	ملكة
Sol	شمس

Acampamento
عسكرة

Animais	الحيوانات
Aventura	مغامرة
Árvores	الأشجار
Bússola	بوصلة
Cabine	المقصورة
Caça	الصيد
Canoa	الزورق
Chapéu	قبعة
Corda	حبل
Equipamento	معدات
Floresta	غابة
Fogo	نار
Inseto	حشرة
Lago	بحيرة
Lua	قمر
Maca	أرجوحة
Mapa	خريطة
Montanha	جبل
Natureza	طبيعة
Tenda	خيمة

Adjetivos #1
الصفات #1

Absoluto	مطلق
Aromático	عطري
Artístico	فني
Atraente	جذاب
Enorme	ضخم
Escuro	داكن
Exótico	غريب
Fino	رقيق
Generoso	كريم
Grande	كبير
Honesto	صادق
Idêntico	متطابقة
Importante	مهم
Lento	بطيء
Misterioso	غامض
Moderno	حديث
Perfeito	كامل
Pesado	ثقيل
Sério	جدي
Valioso	ذو قيمة

Adjetivos #2
الصفات #2

Autêntico	أصلي
Criativo	خلاق
Descritivo	وصفي
Dotado	موهوب
Elegante	أنيق
Famoso	مشهور
Forte	قوي
Grosso	سميك
Interessante	مشوق
Natural	طبيعي
Normal	عادي
Novo	الجديد
Orgulhoso	فخور
Produtivo	إنتاجي
Puro	نقي
Responsável	مسؤول
Salgado	مالح
Saudável	صحي
Seco	جاف
Selvagem	بري

Antártica
القارة القطبية الجنوبية

Ambiente	بيئة
Água	ماء
Baía	خليج
Baleias	الحيتان
Científico	علمي
Conservação	الحفظ
Continente	قارة
Enseada	كوف
Expedição	البعثة
Gelo	جليد
Geografia	جغرافية
Ilhas	الجزر
Investigador	باحث
Migração	هجرة
Minerais	المعادن
Península	شبه جزيرة
Pinguins	البطاريق
Rochoso	صخري
Temperatura	درجة الحرارة
Topografia	طبوغرافيا

Antiguidades
التحف

Arte	فن
Autêntico	أصلي
Decorativo	ديكور
Décadas	عقود
Elegante	أنيق
Entusiasta	متحمس
Escultura	النحت
Estilo	نمط
Galeria	معرض
Incomum	غير عادي
Investimento	استثمار
Leilão	مزاد علني
Mobiliário	أثاث
Moedas	عملات معدنية
Preço	ثمن
Qualidade	جودة
Restauração	استعادة
Século	قرن
Valor	القيمة
Velho	قديم

Arqueologia
علم الآثار

Análise	تحليل
Anos	سنوات
Avaliação	تقييم
Civilização	الحضارة
Descendente	سليل
Desconhecido	غير معروف
Equipe	فريق
Era	عصر
Especialista	خبير
Esquecido	منسي
Fóssil	حفرية
Fragmentos	فتات
Investigador	باحث
Mistério	لغز
Objetos	الكائنات
Ossos	عظام
Professor	أستاذ
Relíquia	بقايا
Templo	معبد
Túmulo	قبر

Arte
الفن

Cerâmica	سيراميك
Complexo	مركب
Composição	تكوين
Escultura	النحت
Expressão	التعبير
Figura	الشكل
Honesto	صادق
Humor	مزاج
Inspirado	ربما
Original	أصلي
Pessoal	شخصي
Pinturas	لوحات
Poesia	شعر
Retratar	تصوير
Simples	بسيط
Símbolo	رمز
Sujeito	موضوع
Surrealismo	السريالية
Visual	بصري

Astronomia
علم الفلك

Asteróide	الكويكب
Astronauta	رائد فضاء
Astrônomo	فلكي
Céu	سماء
Constelação	كوكبة
Cosmos	عالم
Eclipse	كسوف
Equinócio	الاعتدال
Foguete	صاروخ
Gravidade	جاذبية
Lua	قمر
Meteoro	نيزك
Nebulosa	سديم
Observatório	مرصد
Planeta	كوكب
Radiação	إشعاع
Solar	شمسي
Supernova	سوبرنوفا
Terra	أرض
Universo	كون

Atividades e Lazer
الأنشطة والترفيه

Acampamento	تخييم
Arte	فن
Basquete	كرة السلة
Beisebol	بيسبول
Boxe	ملاكمة
Corrida	سباق
Futebol	كرة القدم
Golfe	جولف
Hobbies	الهوايات
Jardinagem	بستنة
Mergulho	الغوص
Natação	سباحة
Pesca	صيد السمك
Pintura	اللوحة
Relaxante	الاسترخاء
Surfe	تصفح
Tênis	تنس
Viagem	السفر
Voleibol	الكرة الطائرة

Aventura
مغامرة

Alegria	مرح
Amigos	اصحاب
Atividade	نشاط
Beleza	جمال
Bravura	شجاعة
Chance	فرصة
Desafios	التحديات
Destino	وجهة
Dificuldade	صعوبة
Entusiasmo	حماس
Excursão	انحراف
Incomum	غير عادي
Itinerário	مسار الرحلة
Natureza	طبيعة
Navegação	الملاحة
Novo	الجديد
Perigoso	خطير
Preparação	تحضير
Segurança	أمن
Surpreendente	مفاجأة

Aviões
الطائرات

Altura	ارتفاع
Ar	هواء
Aterrissagem	هبوط
Atmosfera	الغلاف الجوي
Aventura	مغامرة
Balão	بالون
Céu	سماء
Combustível	وقود
Construção	بناء
Descida	اصل
Direção	اتجاه
Hidrogênio	هيدروجين
História	التاريخ
Inflar	تضخم
Motor	محرك
Navegar	التنقل
Passageiro	راكب
Piloto	طيار
Tripulação	طاقم
Turbulência	اضطراب

Álgebra
الجبر

Diagrama	رسم بياني
Equação	معادلة
Expoente	أس
Falso	خطأ
Fator	عامل
Fração	جزء
Gráfico	الرسم البياني
Infinito	لانهائي
Linear	خطي
Matriz	مصفوفة
Número	رقم
Parêntese	قوس
Problema	مشكلة
Quantidade	كمية
Simplificar	تبسيط
Solução	حل
Soma	مجموع
Subtração	الطرح
Variável	متغير
Zero	صفر

Balé
باليه

Aplauso	تصفيق
Artístico	فني
Compositor	ملحن
Coreografia	الكوريغرافيا
Dançarinos	الراقصات
Ensaio	بروفة
Estilo	نمط
Expressivo	معبرة
Gesto	لفتة
Habilidade	مهارة
Intensidade	شدة
Músculos	عضلات
Música	موسيقى
Orquestra	أوركسترا
Público	الجمهور
Ritmo	إيقاع
Solo	منفردا
Técnica	تقنية

Barcos
القوارب

Âncora	مرساة
Balsa	العبارة
Bóia	عوامة
Caiaque	كاياك
Canoa	الزورق
Corda	حبل
Doca	رصيف
Iate	يخت
Jangada	طوف
Lago	بحيرة
Mar	بحر
Maré	المد
Marinheiro	بحار
Mastro	سارية
Motor	محرك
Náutico	بحري
Oceano	محيط
Ondas	أمواج
Rio	نهر
Tripulação	طاقم

Beleza
بيوتي

Batom	أحمر الشفاه
Cachos	تجعيد الشعر
Charme	سحر
Cor	اللون
Elegante	أنيق
Elegância	أناقة
Espelho	مرآة
Estilista	حلاق
Fotogênico	رقيق
Fragrância	عطور
Graça	نعمة
Maquiagem	ماكياج
Óleos	زيوت
Pele	جلد
Produtos	منتجات
Rímel	ماسكارا
Serviços	خدمات
Suave	ناعم
Tesoura	مقص
Xampu	شامبو

Café

قهوة

Açúcar	السكر
Amargo	مر
Assado	مشوي
Água	ماء
Bebida	مشروب
Cafeína	كافيين
Copa	كوب
Creme	كريم
Filtro	فلتر
Leite	حليب
Líquido	سائل
Manhã	صباح
Moer	طحن
Origem	الأصل
Preço	ثمن
Preto	أسود
Sabor	نكهة
Variedade	نوع

Caminhada

التنزه

Acampamento	تخييم
Animais	الحيوانات
Água	ماء
Botas	أحذية
Cansado	متعب
Clima	مناخ
Mapa	خريطة
Montanha	جبل
Mosquitos	البعوض
Natureza	طبيعة
Orientação	اتجاه
Parques	الحدائق
Pedras	الحجارة
Penhasco	جرف
Perigos	المخاطر
Pesado	ثقيل
Preparação	تحضير
Selvagem	بري
Sol	شمس
Tempo	طقس

Casa

منزل

Biblioteca	مكتبة
Cerca	سياج
Chaminé	مدخنة
Chaves	مفاتيح
Chuveiro	دش
Cortinas	ستائر
Cozinha	مطبخ
Espelho	مرآة
Garagem	كراج
Janela	نافذة
Jardim	حديقة
Lareira	مدفأة
Mobiliário	أثاث
Parede	حائط
Porta	باب
Quarto	غرفة
Sótão	علية
Tapete	سجادة
Torneira	صنبور
Vassoura	مكنسة

Chocolate

شوكولاتة

Açúcar	السكر
Amargo	مر
Antioxidante	مضاد للأكسدة
Artesanal	الحرفي
Cacau	الكاكاو
Caramelo	كراميل
Coco	جوز الهند
Comer	لتناول الطعام
Delicioso	لذيذ
Doce	حلو
Exótico	غريب
Favorito	مفضل
Gosto	المذاق
Ingrediente	العنصر
Pó	مسحوق
Qualidade	جودة
Receita	وصفة
Sabor	نكهة

Churrascos

حفلات الشواء

Almoço	غداء
Convite	دعوة
Crianças	الأطفال
Facas	سكاكين
Família	أسرة
Fome	جوع
Frango	دجاج
Fruta	فاكهة
Grelha	شواية
Jantar	عشاء
Jogos	ألعاب
Legumes	خضروات
Molho	صلصة
Música	موسيقى
Pimenta	فلفل
Quente	حار
Sal	ملح
Saladas	السلطات
Tomates	طماطم
Verão	صيف

Cidade

مدينة

Aeroporto	مطار
Banco	بنك
Biblioteca	مكتبة
Cinema	سينما
Clínica	عيادة
Escola	مدرسة
Estádio	ملعب
Farmácia	صيدلية
Florista	منسق زهور
Galeria	معرض
Hotel	فندق
Jardim Zoológico	حديقة حيوان
Mercado	سوق
Museu	متحف
Padaria	مخبز
Restaurante	مطعم
Salão	صالون
Supermercado	سوبر ماركت
Teatro	مسرح
Universidade	جامعة

Ciência
العلوم

Átomo	ذرة
Cientista	عالم
Clima	مناخ
Dados	البيانات
Evolução	تطور
Experiência	تجربة
Fato	حقيقة
Física	الفيزياء
Fóssil	حفرية
Gravidade	جاذبية
Hipótese	فرضية
Laboratório	مختبر
Método	طريقة
Minerais	المعادن
Moléculas	جزيئات
Natureza	طبيعة
Observação	المراقبة
Partículas	الجسيمات
Plantas	نباتات

Circo
سيرك

Acrobata	بهلوان
Animais	الحيوانات
Balões	بالونات
Bilhete	تذكرة
Desfile	موكب
Doce	حلويات
Elefante	الفيل
Espectador	المشاهد
Espetacular	مذهل
Leão	أسد
Macaco	قرد
Magia	سحر
Malabarista	المحتال
Mágico	ساحر
Música	موسيقى
Palhaço	مهرج
Tenda	خيمة
Tigre	نمر
Traje	زي
Truque	حيلة

Clima
الطقس

Arco-Íris	قوس قزح
Atmosfera	الغلاف الجوي
Brisa	نسيم
Calmo	هدوء
Céu	سماء
Clima	مناخ
Gelo	جليد
Nevoeiro	الضباب
Nuvem	سحابة
Polar	قطبي
Relâmpago	برق
Seca	جفاف
Seco	جاف
Temperatura	درجة الحرارة
Tempestade	عاصفة
Tornado	إعصار
Tropical	استوائي
Trovão	الرعد
Úmido	رطب
Vento	ريح

Comida # 2
الغذاء #2

Alcachofra	خرشوف
Amêndoa	لوز
Arroz	أرز
Banana	موز
Beringela	باذنجان
Brócolis	بروكلي
Cereja	كرز
Chocolate	شوكولاتة
Cogumelo	فطر
Frango	دجاج
Iogurte	زبادي
Kiwi	كيوي
Maçã	تفاح
Ovo	بيضة
Peixe	سمك
Presunto	لحم الخنزير
Queijo	جبن
Tomate	طماطم
Trigo	قمح
Uva	عنب

Comida #1
الغذاء #1

Açúcar	السكر
Alho	ثوم
Atum	تونة
Bolo	كيك
Canela	قرفة
Cebola	بصل
Cenoura	جزر
Cevada	شعير
Damasco	مشمش
Espinafre	سبانخ
Leite	حليب
Limão	ليمون
Manjericão	ريحان
Morango	فراولة
Nabo	لفت
Pepino	خيار
Sal	ملح
Salada	سلطة
Sopa	حساء
Suco	عصير

Corpo Humano
جسم الإنسان

Boca	فم
Cabeça	رئيس
Cérebro	دماغ
Coração	قلب
Cotovelo	كوع
Dedo	إصبع
Joelho	ركبة
Mandíbula	فك
Mão	يد
Nariz	أنف
Olho	عين
Ombro	كتف
Orelha	أذن
Pele	جلد
Perna	رجل
Pescoço	رقبة
Queixo	ذقن
Sangue	دم
Testa	جبهة
Tornozelo	كاحل

Cozinha

مطبخ

Avental	مئزر
Chaleira	غلاية
Colheres	الملاعق
Comer	لتناول الطعام
Concha	مغرفة
Cups	أكواب
Especiarias	توابل
Esponja	إسفنج
Facas	سكاكين
Forno	فرن
Freezer	مجمد
Garfos	الشوك
Geladeira	ثلاجة
Grelha	شواية
Guardanapo	منديل
Jar	جرة
Jarro	إبريق
Pauzinhos	عيدان
Receita	وصفة
Tigela	وعاء

Criatividade

الإبداع

Artístico	فني
Autenticidade	أصالة
Clareza	وضوح
Dramático	دراماتيكي
Emoções	العواطف
Espontânea	عفوية
Expressão	التعبير
Fluidez	سيولة
Habilidade	مهارة
Imagem	صورة
Imaginação	خيال
Impressão	انطباع
Inspiração	الإلهام
Intensidade	شدة
Intuição	الحدس
Inventivo	مبدع
Sensação	إحساس
Sentimentos	مشاعر
Visões	الرؤى
Vitalidade	حيوية

Dança

الرقص

Academia	الأكاديمية
Alegre	مرح
Arte	فن
Clássico	كلاسيكي
Coreografia	الكوريغرافيا
Corpo	جثة
Cultura	ثقافة
Cultural	ثقافي
Emoção	عاطفة
Ensaio	بروفة
Expressivo	معبرة
Graça	نعمة
Movimento	حركة
Música	موسيقى
Parceiro	شريك
Postura	الموقف
Ritmo	إيقاع
Saltar	قفز
Tradicional	تقليدي
Visual	بصري

Dias e Meses

الأيام والأشهر

Abril	أبريل
Agosto	أغسطس
Ano	سنة
Calendário	تقويم
Dezembro	ديسمبر
Domingo	الأحد
Fevereiro	فبراير
Janeiro	يناير
Julho	يوليو
Junho	يونيو
Mês	شهر
Novembro	نوفمبر
Outubro	أكتوبر
Quinta-Feira	الخميس
Sábado	السبت
Segunda-Feira	الاثنين
Semana	أسبوع
Setembro	سبتمبر
Sexta-Feira	الجمعة
Terça	الثلاثاء

Diplomacia

الدبلوماسية

Cidadãos	المواطنون
Comunidade	ملة
Conflito	نزاع
Consultor	مستشار
Cooperação	تعاون
Diplomático	دبلوماسي
Discussão	نقاش
Embaixada	السفارة
Embaixador	سفير
Ética	أخلاق
Governo	حكومة
Humanitário	إنساني
Integridade	النزاهة
Justiça	عدالة
Línguas	اللغات
Política	سياسة
Resolução	القرار
Segurança	أمن
Solução	حل
Tratado	معاهدة

Dirigindo

القيادة

Acidente	حادث
Carro	سيارة
Combustível	وقود
Cuidado	الحذر
Estrada	طريق
Freios	فرامل
Garagem	كراج
Gás	غاز
Licença	رخصة
Mapa	خريطة
Motocicleta	دراجة نارية
Motor	محرك
Pedestre	المشاة
Perigo	خطر
Polícia	شرطة
Rua	شارع
Segurança	أمن
Transporte	النقل
Tráfego	حركة المرور
Túnel	نفق

Disciplinas Científicas
التخصصات العلمية

Anatomia	تشريح
Arqueologia	علم الآثار
Astronomia	علم الفلك
Biologia	بيولوجيا
Botânica	علم النبات
Cinesiologia	علم الحركة
Ecologia	علم البيئة
Fisiologia	فيزيولوجيا
Física	الفيزياء
Geologia	جيولوجيا
Imunologia	علم المناعة
Linguística	لسانيات
Mecânica	ميكانيك
Mineralogia	علم المعادن
Neurologia	علم الأعصاب
Nutrição	تغذية
Psicologia	علم النفس
Química	كيمياء
Sociologia	علم الاجتماع
Zoologia	علم الحيوان

Ecologia
علم البيئة

Clima	مناخ
Comunidades	مجتمعات
Diversidade	تنوع
Fauna	الحيوانات
Flora	النباتية
Global	عالمي
Habitat	الموئل
Marinho	البحرية
Montanhas	الجبال
Natural	طبيعي
Natureza	طبيعة
Pântano	اهوار
Plantas	نباتات
Recursos	الموارد
Seca	جفاف
Sobrevivência	نجاة
Sustentável	مستدام
Variedade	نوع
Vegetação	نبت
Voluntários	المتطوعون

Edifícios
المباني

Apartamento	شقة
Castelo	قلعة
Celeiro	حظيرة
Cinema	سينما
Embaixada	السفارة
Escola	مدرسة
Estádio	ملعب
Fazenda	مزرعة
Fábrica	مصنع
Garagem	كراج
Hospital	مستشفى
Hotel	فندق
Laboratório	مختبر
Museu	متحف
Observatório	مرصد
Supermercado	سوبر ماركت
Teatro	مسرح
Tenda	خيمة
Torre	برج
Universidade	جامعة

Emoções
العواطف

Alegria	مرح
Amor	حب
Animado	متحمس
Bem-Aventurança	النعيم
Bondade	اللطف
Calmo	هدوء
Conteúdo	محتوى
Envergonhado	محرج
Grato	شاكر
Medo	خوف
Paz	سلام
Raiva	غضب
Satisfeito	راض
Simpatia	ميل
Ternura	حنان
Tédio	ملل
Tranquilidade	الهدوء
Tristeza	حزن

Energia
الطاقة

Ambiente	بيئة
Bateria	البطارية
Calor	حرارة
Carbono	كربون
Combustível	وقود
Diesel	ديزل
Elétrico	كهربائي
Elétron	إلكترون
Entropia	غير قادر علي
Fóton	فوتون
Gasolina	بنزين
Hidrogênio	هيدروجين
Indústria	صناعة
Motor	محرك
Nuclear	نووي
Poluição	التلوث
Renovável	قابل للتجديد
Sol	شمس
Turbina	التوربينات
Vento	ريح

Engenharia
الهندسة

Atrito	احتكاك
Ângulo	زاوية
Cálculo	حساب
Construção	بناء
Diagrama	رسم بياني
Diâmetro	قطر
Diesel	ديزل
Dimensões	الأبعاد
Distribuição	توزيع
Eixo	محور
Energia	طاقة
Estabilidade	استقرار
Estrutura	هيكل
Força	قوة
Líquido	سائل
Máquina	آلة
Medição	قياس
Motor	محرك
Profundidade	عمق
Propulsão	الدفع

Especiarias
التوابل

Açafrão	زعفران
Alcaçuz	عرق السوس
Alho	ثوم
Amargo	مر
Anis	اليانسون
Azedo	حامض
Baunilha	فانيلا
Canela	قرفة
Cardamomo	حب الهال
Caril	كاري
Cebola	بصل
Coentro	كزبرة
Cominho	كمون
Doce	حلو
Funcho	الشمرة
Gengibre	زنجبيل
Noz-Moscada	جوزة الطيب
Pimenta	فلفل
Sabor	نكهة
Sal	ملح

Ética
الأخلاق

Altruísmo	إيثار
Bondade	اللطف
Compaixão	عطف
Cooperação	تعاون
Dignidade	كرامة
Diplomático	دبلوماسي
Filosofia	فلسفة
Honestidade	الصدق
Humanidade	إنسانية
Individualismo	الفردية
Integridade	النزاهة
Otimismo	تفاؤل
Paciência	صبر
Racionalidade	العقلانية
Razoável	معقول
Realismo	الواقعية
Respeitoso	محترم
Sabedoria	حكمة
Tolerância	التسامح
Valores	القيم

Família
عائلة

Antepassado	سلف
Avó	جدة
Avô	جد
Criança	طفل
Crianças	الأطفال
Esposa	زوجة
Filha	ابنة
Infância	مرحلة الطفولة
Irmã	أخت
Irmão	شقيق
Marido	الزوج
Materno	الأم
Mãe	أم
Neto	حفيد
Pai	أب
Paterno	الأب
Primo	ابن عم
Sobrinho	ابن أخ
Tia	عمة
Tio	العم

Fazenda #1
مزرعة #1

Abelha	نحلة
Agricultura	زراعة
Arroz	أرز
Água	ماء
Bezerro	عجل
Burro	حمار
Cabra	ماعز
Campo	حقل
Cavalo	حصان
Cão	كلب
Cerca	سياج
Corvo	غراب
Feno	تبن
Fertilizante	سماد
Frango	دجاج
Gato	قط
Mel	عسل
Porco	خنزير
Rebanho	قطيع
Vaca	بقرة

Fazenda #2
مزرعة #2

Agricultor	مزارع
Animais	الحيوانات
Celeiro	حظيرة
Cevada	شعير
Fruta	فاكهة
Ganso	أوز
Irrigação	الري
Leite	حليب
Lhama	لهب
Maduro	ناضج
Milho	حبوب ذرة
Ovelha	خروف
Pastor	الراعي
Pato	بطة
Pomar	بستان
Prado	مرج
Trator	جرار
Trigo	قمح
Vegetal	الخضروات

Férias #2
عطلة #2

Aeroporto	مطار
Destino	وجهة
Estrangeiro	أجنبي
Feriado	عطلة
Fotos	الصور
Hotel	فندق
Ilha	جزيرة
Lazer	الترفيه
Mapa	خريطة
Mar	بحر
Montanhas	الجبال
Passaporte	جواز سفر
Praia	شاطئ
Reservas	التحفظات
Restaurante	مطعم
Táxi	تاكسي
Tenda	خيمة
Transporte	النقل
Viagem	رحلة
Visto	تأشيرة

Ficção Científica
الخيال العلمي

Atómico	ذري
Cinema	سينما
Clones	استنساخ
Distante	بعيد
Explosão	انفجار
Extremo	متطرف
Fantástico	رائع
Fogo	نار
Futurista	مستقبلية
Ilusão	وهم
Imaginário	وهمي
Livros	الكتب
Misterioso	غامض
Mundo	العالمية
Oráculo	وحي
Planeta	كوكب
Realista	واقعي
Robôs	الروبوتات
Tecnologia	تقنية
Utopia	يوتوبيا

Filantropia
العمل الخيري

Comunidade	ملة
Contatos	جهات الاتصال
Crianças	الأطفال
Desafios	التحديات
Doar	تبرع
Finança	المالية
Fundos	أموال
Generosidade	سخاء
Global	عالمي
Grupos	مجموعات
História	التاريخ
Honestidade	الصدق
Humanidade	إنسانية
Juventude	شباب
Missão	مهمة
Objetivos	الأهداف
Pessoas	شعب
Programas	البرامج
Público	عام

Física
الفيزياء

Aceleração	تسريع
Átomo	ذرة
Caos	فوضى
Densidade	كثافة
Elétron	إلكترون
Expansão	توسع
Fórmula	معادلة
Frequência	تردد
Gás	غاز
Gravidade	جاذبية
Magnetismo	المغناطيسية
Massa	كتلة
Mecânica	ميكانيك
Molécula	مركب
Motor	محرك
Nuclear	نووي
Partícula	جسيم
Relatividade	النسبية
Universal	عالمي
Velocidade	السرعة

Flores
زهور

Buquê	باقة أزهار
Dente-De-Leão	الهندباء
Gardênia	جاردينيا
Girassol	عباد الشمس
Hibisco	الكركديه
Jasmim	ياسمين
Lavanda	خزامى
Lilás	أرجواني
Lírio	زنبق
Magnólia	ماغنوليا
Margarida	ديزي
Narciso	النرجس البري
Orquídea	السحلب
Papoula	الخشخاش
Peônia	الفاوانيا
Pétala	البتلة
Plumeria	بلوميريا
Rosa	وردة
Trevo	نفل
Tulipa	توليب

Floresta Tropical
الغابات المطيرة

Anfíbios	البرمائيات
Botânico	نباتي
Clima	مناخ
Comunidade	ملة
Diversidade	تنوع
Espécies	الأنواع
Indígena	أصلي
Insetos	الحشرات
Mamíferos	الثدييات
Musgo	طحلب
Natureza	طبيعة
Nuvens	سحاب
Pássaros	الطيور
Preservação	حفظ
Refúgio	ملجأ
Respeito	احترام
Restauração	استعادة
Selva	الغابة
Sobrevivência	نجاة
Valioso	ذو قيمة

Força e Gravidade
القوة والجاذبية

Atrito	احتكاك
Centro	المركز
Descoberta	اكتشاف
Dinâmico	متحرك
Distância	بون
Eixo	محور
Expansão	توسع
Física	الفيزياء
Impacto	تأثير
Magnetismo	المغناطيسية
Magnitude	حجم
Mecânica	ميكانيك
Órbita	فلك
Peso	وزن
Planetas	الكواكب
Pressão	ضغط
Propriedades	خصائص
Rapidez	سرعة
Tempo	الوقت
Universal	عالمي

Frutas

فاكهة

Abacate	أفوكادو
Abacaxi	أناناس
Amora	بلاك بيري
Baga	بيري
Banana	موز
Cereja	كرز
Coco	جوز الهند
Damasco	مشمش
Figo	تين
Framboesa	توت العليق
Kiwi	كيوي
Laranja	برتقالي
Limão	ليمون
Maçã	تفاح
Mamão	بابايا
Manga	مانجو
Melão	شمام
Pera	كمثرى
Pêssego	خوخ
Uva	عنب

Geografia

الجغرافيا

Altitude	ارتفاع
Atlas	أطلس
Cidade	مدينة
Continente	قارة
Equador	خط الاستواء
Ilha	جزيرة
Latitude	خط العرض
Longitude	خط الطول
Mapa	خريطة
Mar	بحر
Meridiano	ميريديان
Montanha	جبل
Mundo	العالمية
Norte	شمال
Oceano	محيط
Oeste	غرب
País	بلد
Região	منطقة
Rio	نهر
Sul	جنوب

Geologia

جيولوجيا

Ácido	حمض
Camada	طبقة
Caverna	كهف
Cálcio	الكلسيوم
Ciclos	دورات
Continente	قارة
Coral	المرجان
Cristais	بلورات
Erosão	تآكل
Estalagmites	الصواعد
Fóssil	حفرية
Lava	الحمم
Minerais	المعادن
Pedra	حجر
Platô	هضبة
Quartzo	مرو
Sal	ملح
Terremoto	زلزال
Vulcão	بركان
Zona	منطقة

Geometria

الهندسة

Altura	ارتفاع
Ângulo	زاوية
Cálculo	حساب
Círculo	دائرة
Curva	منحنى
Diâmetro	قطر
Dimensão	البعد
Equação	معادلة
Horizontal	أفقي
Lógica	منطق
Massa	كتلة
Mediana	الوسيط
Paralelo	مواز
Proporção	نسبة
Segmento	قطعة
Simetria	تناظر
Superfície	سطح
Teoria	نظرية
Triângulo	مثلث
Vertical	عمودي

Governo

الحكومة

Cidadania	المواطنة
Civil	مدني
Constituição	دستور
Democracia	ديمقراطية
Discurso	خطاب
Discussão	نقاش
Distrito	منطقة
Estado	حالة
Igualdade	المساواة
Independência	استقلال
Judicial	قضائي
Justiça	عدالة
Lei	قانون
Liberdade	حرية
Líder	زعيم
Monumento	نصب
Nacional	وطني
Nação	أمة
Política	سياسة
Símbolo	رمز

Herbalismo

الأعشاب

Açafrão	زعفران
Alecrim	إكليل الجبل
Alho	ثوم
Aromático	عطري
Benéfico	مفيد
Coentro	كزبرة
Estragão	الطرخون
Flor	زهرة
Funcho	الشمرة
Ingrediente	العنصر
Jardim	حديقة
Lavanda	خزامى
Manjericão	ريحان
Manjerona	مردقوش
Planta	مصنع
Qualidade	جودة
Sabor	نكهة
Salsa	بقدونس
Tomilho	زعتر
Verde	أخضر

Instrumentos Musicais
آلات موسيقية

Bandolim	مندولين
Banjo	البانجو
Clarinete	مزمار
Fagote	باسون
Flauta	ناي
Gaita	هارمونيكا
Gongo	ناقوس
Harpa	جنك
Marimba	ماريمبا
Oboé	المزمار
Pandeiro	دف صغير
Percussão	قرع
Piano	بيانو
Saxofone	ساكسفون
Tambor	طبل
Trombone	الترومبون
Trompete	بوق
Violão	قيثارة
Violino	كمان
Violoncelo	التشيلو

Jardim
حديقة

Ancinho	أشعل النار
Arbusto	بوش
Árvore	شجرة
Banco	مقعد
Cerca	سياج
Ervas Daninhas	الأعشاب
Flor	زهرة
Garagem	كراج
Grama	عشب
Jardim	حديقة
Lagoa	بركة
Maca	أرجوحة
Mangueira	خرطوم
Pá	مجرفة
Pomar	بستان
Solo	تربة
Terraço	مصطبة
Trampolim	الترامبولين
Varanda	رواق
Videira	كرمة

Jardinagem
البستنة

Água	ماء
Botânico	نباتي
Buquê	باقة أزهار
Clima	مناخ
Comestível	صالح للأكل
Composto	سماد
Espécies	الأنواع
Exótico	غريب
Flor	زهر
Floral	الأزهار
Folha	ورقة
Folhagem	أوراق الشجر
Mangueira	خرطوم
Pomar	بستان
Recipiente	وعاء
Sazonal	موسمي
Sementes	بذور
Solo	تربة
Sujeira	التراب
Umidade	رطوبة

Jazz
موسيقى الجاز

Artista	فنان
Álbum	ألبوم
Bateria	الطبول
Canção	أغنية
Composição	تكوين
Compositor	ملحن
Concerto	حفلة موسيقية
Estilo	نمط
Ênfase	التركيز
Famoso	مشهور
Favoritos	المفضلة
Gênero	النوع
Improvisação	الارتجال
Música	موسيقى
Novo	الجديد
Orquestra	أوركسترا
Ritmo	إيقاع
Talento	المواهب
Técnica	تقنية
Velho	قديم

Literatura
الأدب

Analogia	القياس
Análise	تحليل
Anedota	حكاية
Autor	مؤلف
Comparação	مقارنة
Conclusão	استنتاج
Descrição	وصف
Diálogo	حوار
Estilo	نمط
Ficção	خيال
Metáfora	استعارة
Narrador	الراوي
Opinião	رأي
Poema	قصيدة
Poético	شاعري
Rima	قافية
Ritmo	إيقاع
Romance	رواية
Tema	موضوع
Tragédia	مأساة

Livros
كتب

Autor	مؤلف
Aventura	مغامرة
Coleção	مجموعة
Contexto	سياق الكلام
Dualidade	الازدواجية
Escrito	مكتوب
Épico	ملحمة
História	قصة
Histórico	تاريخي
Inventivo	مبدع
Leitor	قارئ
Literário	أدبي
Narrador	الراوي
Página	صفحة
Poema	قصيدة
Poesia	شعر
Relevante	ذات الصلة
Romance	رواية
Série	سلسلة
Trágico	مأساوي

Mamíferos
الثدييات

Baleia	حوت
Camelo	جمل
Canguru	كنغر
Castor	سمور
Cavalo	حصان
Cão	كلب
Coelho	أرنب
Coiote	ذئب البراري
Elefante	الفيل
Gato	قط
Girafa	زرافة
Golfinho	دولفين
Gorila	الغوريل
Leão	أسد
Lobo	ذئب
Macaco	قرد
Ovelha	خروف
Raposa	فوكس
Touro	ثور
Zebra	حمار وحشي

Matemática
الرياضيات

Aritmética	حساب
Ângulos	زوايا
Circunferência	محيط
Decimal	عشري
Diâmetro	قطر
Equação	معادلة
Expoente	أس
Fração	جزء
Geometria	هندسة
Graus	درجات
Números	الأرقام
Paralelo	مواز
Perpendicular	عمودي
Polígono	مضلع
Quadrado	مربع
Retângulo	مستطيل
Simetria	تناظر
Soma	مجموع
Triângulo	مثلث
Volume	الصوت

Material de Arte
لوازم الفن

Acrílico	أكريليك
Apagador	ممحاة
Aquarelas	ألوان مائية
Argila	طين
Água	ماء
Cadeira	كرسي
Carvão	فحم
Cavalete	الحامل
Câmera	كاميرا
Cola	صمغ
Cores	الألوان
Criatividade	إبداع
Escovas	فرش
Lápis	أقلام الرصاص
Mesa	طاولة
Óleo	نفط
Papel	ورق
Pastels	الباستيل
Tinta	حبر
Tintas	الدهانات

Medições
القياسات

Altura	ارتفاع
Byte	بايت
Centímetro	سنتيمتر
Comprimento	الطول
Decimal	عشري
Grama	غرام
Grau	درجة
Largura	عرض
Litro	لتر
Massa	كتلة
Metro	متر
Minuto	دقيقة
Onça	أوقية
Peso	وزن
Polegada	بوصة
Profundidade	عمق
Quilograma	كيلوغرام
Quilômetro	كيلومتر
Tonelada	طن
Volume	الصوت

Meditação
التأمل

Aceitação	قبول
Acordado	مستيقظ
Atenção	انتباه
Bondade	اللطف
Clareza	وضوح
Compaixão	عطف
Emoções	العواطف
Ensinamentos	تعاليم
Gratidão	شكر
Mental	عقلي
Mente	عقل
Movimento	حركة
Música	موسيقى
Natureza	طبيعة
Observação	المراقبة
Paz	سلام
Pensamentos	أفكار
Perspectiva	المنظور
Postura	الموقف
Silêncio	الصمت

Mitologia
الميثولوجيا

Ciúmes	الغيرة
Comportamento	سلوك
Crenças	المعتقدات
Criação	خلق
Criatura	مخلوق
Cultura	ثقافة
Desastre	كارثة
Força	قوة
Guerreiro	محارب
Heroína	بطلة
Herói	بطل
Imortalidade	خلود
Labirinto	متاهة
Lenda	أسطورة
Mágico	سحري
Monstro	مسخ
Mortal	مميت
Relâmpago	برق
Trovão	رعد
Vingança	انتقام

Moda
أزياء

Bordado	تطريز
Botões	أزرار
Boutique	بوتيك
Caro	مكلفة
Confortável	مريح
Elegante	أنيق
Estilo	نمط
Medidas	قياسات
Minimalista	الحد الأدنى
Moderno	حديث
Modesto	متواضع
Original	أصلي
Prático	عملي
Renda	الدانتيل
Roupa	ملابس
Simples	بسيط
Tecido	قماش
Tendência	اتجاه
Textura	نسيج

Música
موسيقى

Álbum	ألبوم
Balada	أغنية
Cantar	غنى
Cantor	المغني
Clássico	كلاسيكي
Coro	جوقة
Gravação	تسجيل
Harmonia	انسجام
Improvisar	تحسين
Instrumento	أداة
Lírico	غنائية
Melodia	لحن
Microfone	ميكروفون
Musical	موسيقي
Ópera	أوبرا
Poético	شاعري
Ritmo	إيقاع
Rítmico	إيقاعي
Tempo	الإيقاع
Vocal	صوتي

Natureza
الطبيعة

Abelhas	النحل
Abrigo	مأوى
Animais	الحيوانات
Ártico	القطب الشمالي
Beleza	جمال
Deserto	صحراء
Dinâmico	متحرك
Erosão	تآكل
Floresta	غابة
Folhagem	أوراق الشجر
Geleira	مثلجة
Nevoeiro	ضباب
Nuvens	سحاب
Pacífico	سلمي
Rio	نهر
Santuário	ملاذ
Selvagem	بري
Sereno	هادئ
Tropical	استوائي
Vital	حيوي

Negócios
الأعمال

Carreira	مهنة
Custo	التكلفة
Desconto	خصم
Dinheiro	مال
Economia	الاقتصاد
Empregado	موظف
Empregador	صاحب العمل
Empresa	شركة
Escritório	مكتب
Fábrica	مصنع
Finança	المالية
Impostos	الضرائب
Investimento	استثمار
Loja	متجر
Lucro	ربح
Mercadoria	بضائع
Moeda	عملة
Orçamento	ميزانية
Rendimento	الإيرادات
Venda	بيع

Nutrição
التغذية

Amargo	مر
Apetite	شهية
Carboidratos	الكربوهيدرات
Comestível	صالح للأكل
Dieta	حمية
Digestão	هضم
Equilibrado	متوازن
Fermentação	تخمير
Ingredientes	مكونات
Líquidos	سوائل
Molho	صلصة
Nutriente	المغذي
Peso	وزن
Proteínas	البروتينات
Qualidade	جودة
Sabor	نكهة
Saudável	صحي
Saúde	الصحة
Toxina	سم
Vitamina	فيتامين

Números
أرقام

Cinco	خمسة
Decimal	عشري
Dez	عشرة
Dezesseis	ستة عشر
Dezessete	سبعة عشر
Dezoito	ثمانية عشر
Dois	اثنان
Doze	اثنا عشر
Nove	تسعة
Oito	ثمانية
Quatorze	أربعة عشر
Quatro	أربعة
Quinze	خمسة عشر
Seis	ستة
Sete	سبعة
Treze	ثلاثة عشر
Três	ثلاثة
Um	واحد
Vinte	عشرون
Zero	صفر

Oceano

محيط

Alga	الطحالب
Atum	تونة
Baleia	حوت
Barco	قارب
Camarão	جمبري
Caranguejo	سرطان
Coral	المرجان
Enguia	ثعبان
Esponja	إسفنج
Golfinho	دولفين
Marés	المد والجزر
Medusa	قنديل البحر
Ondas	أمواج
Ostra	محار
Peixe	سمك
Polvo	أخطبوط
Sal	ملح
Tartaruga	سلحفاة
Tempestade	عاصفة
Tubarão	قرش

Paisagens

المناظر الطبيعية

Cascata	شلال
Caverna	كهف
Colina	تل
Deserto	صحراء
Geleira	مثلجة
Golfo	الخليج
Iceberg	جبل جليد
Ilha	جزيرة
Lago	بحيرة
Mar	بحر
Montanha	جبل
Oásis	واحة
Oceano	محيط
Pântano	مستنقع
Península	شبه جزيرة
Praia	شاطئ
Rio	نهر
Tundra	تندرا
Vale	وادي
Vulcão	بركان

Países #1

البلدان #1

Alemanha	ألمانيا
Brasil	البرازيل
Camboja	كمبوديا
Canadá	كندا
Egito	مصر
Equador	الإكوادور
Espanha	إسبانيا
Finlândia	فنلندا
Iraque	العراق
Israel	إسرائيل
Itália	إيطاليا
Índia	الهند
Mali	مالي
Marrocos	المغرب
Nicarágua	نيكاراغوا
Noruega	النرويج
Panamá	بنما
Polônia	بولندا
Senegal	السنغال
Venezuela	فنزويلا

Países #2

البلدان #2

Albânia	ألبانيا
Dinamarca	الدنمارك
França	فرنسا
Grécia	اليونان
Haiti	هايتي
Indonésia	إندونيسيا
Irlanda	أيرلندا
Jamaica	جامايكا
Japão	اليابان
Laos	لاوس
Líbano	لبنان
México	المكسيك
Nepal	نيبال
Nigéria	نيجيريا
Paquistão	باكستان
Rússia	روسيا
Síria	سوريا
Somália	الصومال
Ucrânia	أوكرانيا
Uganda	أوغندا

Pássaros

الطيور

Avestruz	نعامة
Águia	نسر
Cegonha	اللقلق
Cisne	بجعة
Corvo	غراب
Cuco	الوقواق
Flamingo	نحام
Frango	دجاج
Gaivota	نورس
Ganso	إوز
Garça	هيرون
Ovo	بيضة
Papagaio	ببغاء
Pardal	عصفور
Pato	بطة
Pavão	الطاووس
Pelicano	البجع
Pinguim	البطريق
Pombo	حمامة
Tucano	طوقان

Plantas

النباتات

Arbusto	بوش
Árvore	شجرة
Baga	بيري
Bambu	بامبو
Botânica	علم النبات
Cacto	صبار
Erva	عشب
Feijão	فاصوليا
Fertilizante	سماد
Flor	زهرة
Flora	النباتية
Floresta	غابة
Folha	ورقة
Folhagem	أوراق الشجر
Hera	لبلاب
Jardim	حديقة
Musgo	طحلب
Pétala	البتلة
Raiz	جذر
Vegetação	نبت

Profissões #1
المهن #1

Advogado	محامي
Alfaiate	خياط
Artista	فنان
Astrônomo	فلكي
Banqueiro	مصرفي
Bombeiro	رجال الاطفاء
Caçador	صياد
Cartógrafo	رسام خرائط
Cientista	عالم
Dançarino	راقصة
Editor	محرر
Embaixador	سفير
Encanador	سباك
Enfermeira	ممرض
Geólogo	جيولوجي
Joalheiro	صائغ
Marinheiro	بحار
Pianista	عازف البيانو
Psicólogo	علم النفس
Veterinário	طبيب بيطري

Profissões #2
المهن #2

Agricultor	مزارع
Astronauta	رائد فضاء
Bibliotecário	أمين المكتبة
Biólogo	أحيائي
Cirurgião	جراح
Dentista	طبيب أسنان
Engenheiro	مهندس
Filósofo	فيلسوف
Ilustrador	المصور
Inventor	مخترع
Investigador	باحث
Investigador	محقق
Jardineiro	بستاني
Jornalista	صحفي
Linguista	لغوي
Médico	طبيب
Piloto	طيار
Pintor	دهان
Professor	مدرس
Zoólogo	عالم الحيوان

Psicologia
علم النفس

Avaliação	تقييم
Clínico	مرضي
Cognição	معرفة
Comportamento	سلوك
Compromisso	دعوم
Conflito	نزاع
Ego	الأنا
Emoções	العواطف
Inconsciente	فاقد الوعي
Infância	مرحلة الطفولة
Influências	تأثيرات
Pensamentos	أفكار
Percepção	الإدراك
Personalidade	شخصية
Problema	مشكلة
Realidade	واقع
Sensação	إحساس
Sonhos	أحلام
Terapia	علاج

Química
كيمياء

Alcalino	قلوي
Ácido	حمض
Calor	حرارة
Carbono	كربون
Catalisador	محفز
Cloro	كلور
Elementos	عناصر
Elétron	إلكترون
Enzima	انزيم
Gás	غاز
Hidrogênio	هيدروجين
Íon	أيون
Líquido	سائل
Molécula	مركب
Nuclear	نووي
Orgânico	عضوي
Oxigénio	أكسجين
Peso	وزن
Sal	ملح
Temperatura	درجة الحرارة

Restaurante # 2
مطعم رقم 2

Almoço	غداء
Água	ماء
Bebida	مشروب
Bolo	كيك
Cadeira	كرسي
Colher	ملعقة
Delicioso	لذيذ
Especiarias	توابل
Fruta	فاكهة
Garçom	النادل
Garfo	شوكة
Gelo	جليد
Jantar	عشاء
Legumes	خضروات
Macarrão	المعكرونة
Ovo	بيض
Peixe	سمك
Sal	ملح
Salada	سلطة
Sopa	حساء

Restaurante #1
مطعم #1

Alergia	حساسية
Café	قهوة
Caixa	صراف
Carne	لحم
Comer	لتناول الطعام
Cozinha	مطبخ
Faca	سكين
Frango	دجاج
Garçonete	نادلة
Guardanapo	منديل
Ingredientes	مكونات
Menu	قائمة
Molho	صلصة
Pão	خبز
Picante	حار
Placa	طبق
Reserva	حجز
Sobremesa	حلوى
Tigela	وعاء

Roupas

ملابس

Avental	مئزر
Blusa	بلوزة
Calça	سروال
Camisa	قميص
Casaco	معطف
Chapéu	قبعة
Cinto	حزام
Colar	قلادة
Jaqueta	السترة
Jeans	جينز
Luvas	قفازات
Meias	جوارب
Moda	موضة
Pijama	لباس نوم
Pulseira	سوار
Saia	تنورة
Sandálias	صنادل
Sapato	حذاء
Suéter	سترة
Vestido	فستان

Saúde e Bem-Estar #1

الصحة والعافية #1

Altura	ارتفاع
Ativo	نشط
Bactérias	بكتيريا
Clínica	عيادة
Doutor	طبيب
Farmácia	صيدلية
Fome	جوع
Fratura	كسر
Hábito	عادة
Hormones	الهرمونات
Medicina	دواء
Nervos	أعصاب
Ossos	عظام
Pele	جلد
Postura	الموقف
Reflexo	منعكس
Relaxamento	استرخاء
Terapia	علاج
Tratamento	العلاج
Vírus	فيروس

Saúde e Bem-Estar #2

الصحة والعافية #2

Alergia	حساسية
Anatomia	تشريح
Apetite	شهية
Corpo	جثة
Desidratação	تجفاف
Dieta	حمية
Digestão	هضم
Doença	مرض
Energia	طاقة
Genética	علم الوراثة
Higiene	النظافة
Hospital	مستشفى
Humor	مزاج
Infecção	عدوى
Massagem	تدليك
Peso	وزن
Recuperação	التعافي
Sangue	دم
Saudável	صحي
Vitamina	فيتامين

Tecnologia

تقنية

Arquivo	ملف
Blog	مدونة
Bytes	بايت
Câmera	كاميرا
Computador	الحاسوب
Cursor	المؤشر
Dados	البيانات
Digital	رقمي
Estatísticas	الإحصاء
Fonte	خط
Internet	إنترنت
Mensagem	رسالة
Navegador	المتصفح
Pesquisa	بحث
Segurança	أمن
Software	برمجيات
Tela	شاشة
Virtual	افتراضية
Vírus	فيروس

Tempo

الوقت

Agora	الآن
Ano	سنة
Antes	قبل
Anual	سنوي
Calendário	تقويم
Década	العقد
Dia	يوم
Futuro	مستقبل
Hoje	اليوم
Hora	ساعة
Manhã	صباح
Meio-Dia	وقت الظهيرة
Mês	شهر
Minuto	دقيقة
Momento	لحظة
Noite	الليل
Ontem	أمس
Passado	الماضي
Semana	أسبوع
Século	قرن

Tipos de Cabelo

أنواع الشعر

Branco	أبيض
Brilhante	لامع
Cachos	تجعيد الشعر
Careca	أصلع
Cinza	رمادي
Colori	ملون
Encaracolado	مجعد
Fino	رقيق
Grosso	سميك
Loiro	أشقر
Longo	طويل
Marrom	بني
Ondulado	متموج
Prata	فضة
Preto	أسود
Saudável	صحي
Seco	جاف
Suave	ناعم
Trançado	مضفر
Tranças	الضفائر

Universo
الكون

Asteróide	الكويكب
Astronomia	علم الفلك
Astrônomo	فلكي
Atmosfera	الغلاف الجوي
Celestial	سماوي
Céu	ءامس
Cósmico	كوني
Equador	خط الاستواء
Horizonte	أفق
Inclinar	إمالة
Latitude	خط العرض
Longitude	خط الطول
Lua	رمق
Órbita	فلك
Solar	شمسي
Solstício	الانقلاب
Telescópio	مقراب
Trevas	ظلام
Visível	مرئي
Zodíaco	البروج

Vegetais
خضروات

Abóbora	يقطين
Aipo	كرفس
Alcachofra	خرشوف
Alho	ثوم
Batata	البطاطس
Beringela	باذنجان
Brócolis	بروكلي
Cebola	بصل
Cenoura	جزر
Chalota	الكراث
Cogumelo	فطر
Ervilha	البازلاء
Espinafre	سبانخ
Gengibre	زنجبيل
Nabo	لفت
Pepino	خيار
Rabanete	فجل
Salada	سلطة
Salsa	بقدونس
Tomate	طماطم

Veículos
المركبات

Ambulância	سيارة إسعاف
Avião	طائرة
Balsa	العبارة
Barco	قارب
Bicicleta	دراجة
Caminhão	شاحنة
Caravana	قافلة
Carro	سيارة
Foguete	صاروخ
Helicóptero	هليكوبتر
Jangada	طوف
Lambreta	سكوتر
Metrô	مترو
Motor	محرك
Ônibus	حافلة
Pneus	الإطارات
Submarino	غواصة
Táxi	تاكسي
Transporte	المكوك
Trator	جرار

Xadrez
شطرنج

Aprender	يتعلم
Branco	أبيض
Campeão	بطل
Concurso	منافسة
Desafios	التحديات
Diagonal	قطري
Estratégia	إستراتيجية
Jogador	لاعب
Jogo	لعبه
Oponente	الخصم
Passivo	مبني للمجهول
Pontos	النقاط
Preto	أسود
Rainha	ملكة
Regras	قواعد
Rei	ملك
Sacrifício	تضحية
Tempo	الوقت
Torneio	مسابقة

Parabéns

Conseguiu!

Esperamos que tenha gostado tanto deste livro como nós gostamos de o desenhar. Esforçamo-nos por criar livros da mais alta qualidade possível.
Esta edição foi concebida para proporcionar uma aprendizagem inteligente, de qualidade e divertida!

Gostou deste livro?

Um simples pedido

Estes livros existem graças às críticas que publica.
Pode ajudar-nos, deixando agora uma revisão?

Aqui está um pequeno link para
a sua página de revisão:

BestBooksActivity.com/Avaliacoes50

DESAFIO FINAL!

Desafio n° 1

Está pronto para o seu jogo grátis? Usamo-los a toda a hora, mas não são tão fáceis de encontrar - aqui estão os **Sinônimos**!
Escreva 5 palavras que encontrou nos puzzles (n° 21, n° 36, n° 76) e tente encontrar 2 sinónimos para cada palavra.

*Escreva 5 palavras de **Puzzle 21***

Palavras	Sinônimo 1	Sinônimo 2

*Escreva 5 palavras de **Puzzle 36***

Palavras	Sinônimo 1	Sinônimo 2

*Escreva 5 palavras de **Puzzle 76***

Palavras	Sinônimo 1	Sinônimo 2

Desafio n° 2

Agora que já aqueceu, escreva 5 palavras que encontrou nos Puzzles (n° 9, n° 17 e n° 25) e tente encontrar 2 antônimos para cada palavra. Quantos se podem encontrar em 20 minutos?

Escreva 5 palavras de ***Puzzle 9***

Palavras	Antônimo 1	Antônimo 2

Escreva 5 palavras de ***Puzzle 17***

Palavras	Antônimo 1	Antônimo 2

Escreva 5 palavras de ***Puzzle 25***

Palavras	Antônimo 1	Antônimo 2

Desafio n° 3

Óptimo! Este desafio final  não é nada para si.

Pronto para o desafio final? Escolha 10 palavras que tenha descoberto nos diferentes puzzles e escreva-as abaixo.

1.	6.
2.	7.
3.	8.
4.	9.
5.	10.

Agora escreva um texto a pensar numa pessoa, num animal ou num lugar de seu agrado.

Pode utilizar a última página deste livro como um rascunho.

A Sua Composição:

CADERNO DE NOTAS:

ATÉ BREVE!

A equipa Inteira

www.ingramcontent.com/pod-product-compliance
Lightning Source LLC
Chambersburg PA
CBHW082041120626
46553CB00011B/3248
* 9 7 9 8 8 9 6 7 0 3 2 4 2 *